죽음이 던지는 질문에
어떻게 답해야 할까?

죽음이 던지는 질문에 —— 어떻게 답해야 할까?

박연숙 지음

갈매나무

삶과 죽음은
서로의 완성을 위해 필요한 존재

인간이 만든 수많은 이야기에는 누군가는 죽고 누군가를 죽이는 일이 빠짐없이 등장합니다. 그만큼 우리는 알게 모르게 죽음과 가까이 지내 왔습니다. 그렇지만 정작 죽음이 무엇인지는 잘 모릅니다. 생명이 없어지는 현상이 죽음이라는 사전적인 의미는 알아도 죽음의 의미를 물으면 어느 누구도 진지하게 답해 주지 않습니다. 모르기 때문일까요? 아니면 말해 주고 싶지 않기 때문일까요?

죽음의 의미를 몰라도 세상을 살아가는 데 문제가 없다면 상관 없겠지요. 하지만 그렇지 않았습니다. 부모님을 잃고 아이들을 잃고 은사님까지 잃고 나니 나를 지지해 주는 가장 큰 기둥들이 사라진 기분이었습니다. 내 곁을 지켜 주는 사랑하는 친구들과 나 자신의 죽음 또한 피할 수 없다는 것을 떠올리면 죽음이 어떤 의미인지 묻지 않을 수 없습니다.

그런데 죽음에 대한 의미를 더 깊이 파고들수록 반대로 유한한 시간 속에서 어떤 삶을 살아야 할지를 고민하게 됩니다. 죽음이 우리에게 일깨워 주는 가장 중요한 의미는 우리의 삶이 유한하다는 것입니다. 그만큼 죽음을 알아갈수록 삶이 보인다는 말입니다. 인간의 유한성을 가장 확실하게 깨닫게 해 주는 사건이 바로 죽음입니다. 그리고 마침내 우리의 유한한 삶과 죽음은 서로의 완성을 위해 필요한 존재라는 것을 알게 되었습니다.

많은 철학자가 죽음의 문제를 다뤘습니다. 하지만 추상적인 철학이론만으로는 삶과 죽음의 의미가 생생하게 전해지지 않았습니다. 그래서 작품 속의 이야기에 귀를 기울였습니다. 사실 이 세상 어느 누구도 완전한 죽음을 경험해 보지 못했기 때문에 이야기로밖에 들려줄 수 없었을 것입니다.

이 책은 죽음에 관한 다양한 이야기를 담았습니다. 사랑하는 사람을 상실한 사람, 예기치 않은 죽음을 맞이할 환자, 극한의 상황 속에서 죽음의 공포를 이겨 낸 생존자, 무차별 살인의 범죄자, 반려동물과 이별하는 보호자 등 평소 접하기 어려운 여러 죽음 관련 이야기가 등장합니다. 이를 통해 다양한 각도에서 죽음을 바라보고 사유하고자 했습니다.

이러한 죽음 이야기는 어른들만을 위한 것이 아닙니다. 사실 어릴수록 더 필요한 이야기입니다. 수많은 동화에 죽음이 등장하고 죽음에 대한 아이들의 호기심 역시 강렬하지만 아무도 제때 죽음의 의미를 말해 주지 않습니다. 죽음을 멀리한다고 더 행복한 것도 아니고 더 오래 사는 것도, 더 잘 사는 것도 아닌데 어른들은 아이들이 죽음을 외면하도록 길들였습니다. 그 이유는 어른 자신이 죽음을 두려워하기 때문 아닐까요?

이야기 속에서 찾은 죽음의 의미는 수많은 갈래의 길을 열어 줍니다. 다양한 관점부터 극단의 시선까지 여러 목소리를 들을 수 있습니다. 그래서 자유롭습니다. 종교의 교리처럼 하나의 정답에 매이지 않고 자신의 상황에 따라, 성장의 속도에 따라, 만나는 사람에 따라, 몰두하는 일에 따라 다양하게 음미하고 성찰할 수 있습니다.

이 책의 의도는 죽음의 의미를 가르치려는 것이 아닙니다. 그보다는 열네 편의 삶과 죽음의 이야기를 바탕으로 독자 자신의 삶과 죽음을 성찰하게 돕는 것입니다. 그래서 독자 스스로 이 책에 다 담아내지 못한 더 많은 삶과 죽음의 의미를 자유롭게 탐구하고, 더 나아가 자기 자신의 의미를 발명하는 것입니다. 그리고 궁극적으로는 그 의미들에 영감을 받아 이 세상에 하나뿐인 자기 자신의 삶을 빛나게 하는 것입니다.

아무도 들려주지 않은 죽음 이야기면서 동시에 스스로가 창조하는 삶의 이야기가 되기를 기대합니다.

차례

제때에 살지 못하는 자가
어떻게 제때에 죽을 수 있겠는가?

– 프리드리히 니체

1부

내 삶
가까이에 있는
죽음에 대하여

죽음의 무게는 사람마다 다를까?

|

《자기 앞의 생》

'죽음'처럼 자주 접하면서 낯선 말도 없을 겁니다. 미처 의식하지 못하지만 우리는 평소 즐기는 영화나 드라마, 웹툰, 게임 같은 콘텐츠에서 수시로 죽음을 접합니다. 매일 확인하는 뉴스에서도 누군가의 죽음을 합한 숫자를, 그것도 한두 명이 아니라 아주 많은 숫자를 듣곤 합니다. 최근 세계 곳곳에서 발생하는 코로나19 사망자의 숫자를 접할 때면 그 숫자에 압도되어 단지 어떤 경제 지표 중의 하나 정도로 여긴 채 머릿속으로만 무감각하게 국가 간의 숫자를 비교하게 됩니다. 그처럼 그 숫자가 의미하는 바를 미처 깨닫지 못하다가 돌아가신 분의 개인적인 사연을 듣게 되면 그제야 다른 무엇의 지표가 아니라 사람의 죽음이라는 것을 깨닫고 안타까운 마음을 갖지요.

죽음이 숫자로 전달될 때는 단순한 지표에 불과하지만 한 개인의 죽음으로 전달되면 마음을 아리는 감정적인 것이 됩니다. 더구나 모르는 누군가의 죽음이 아니라 친하게 지내던 사람의 죽음은 커다란 충격과 함께 그런 죽음이 나 자신에게도 일어날 수 있다는 공포와 불안을 불러일으킵니다. 이처럼 죽음은 낯선 것이면서 동시에 우리 곁에 늘 존재하고, 거리를 두고 볼 때는 무감각한 것이었다가 가까이 다가서 바라보면 공포와 두려움을 불러일으키는 감정적인 것이 됩니다.

모든 인간은 결국 죽는다는 것을 알아도 죽음은 여전히 낯선 것입니다. 낯선 것이 당연하겠지요. 살아 있는 사람 중 누구도 죽음을 경험하지 못했으니까요. 그러나 경험해 보지 않았더라도 죽음과 관련해 두 가지 사실은 확실히 알고 있습니다. 첫 번째는 무엇으로도 죽음을 피할 수 없다는 것, 그리고 두 번째는 죽음은 이 세상과의 이별이라는 것입니다. 그런데 죽음에 대해 이러한 사실들을 안다고 해서 죽음에 대한 두려움이 줄어들지는 않습니다. 두렵지만 외면할 수 없다면 어떻게든 이해해 봐야겠지요? 죽음을 이해하지 않고는 불가피하게 맞이할 수밖에 없는 죽음의 상황을 회피하고 무시하면서 살게 될 테니까요. 우리가 언젠가 죽는 사실을 자연스럽게 인정하지 않는다면 그것은 자신의 삶을 진정성 있게 산다고 할 수 없습니다.

죽음을 이해하기 위해 우선 다른 사람의 죽음에 대해 진지하게 살펴보겠습니다. 우리는 언제나 나의 죽음 이전에 다른 누군가의 죽음을 먼저 접하니까요. 그런데 다른 사람의 죽음이 모두 다 똑같은 무게감으로 다가오지는 않아요. 사실 이 세상의 모든 죽음이 다 제각각의 무게감을 지니리라 생각합니다. 지구 반대편에서 일어나는 전쟁으로 어마어마한 사상자 숫자를 접했을 때의 무게감보다 내가 사랑하며 함께 살아온 한 사람이나 반려동물이 죽었을 때의 무게감이 훨씬 더 크게 느껴지기도 하니까요. 그래서 누구의 죽음이냐에 따라 받아들이는 무게감이 다르다는 점을 먼저 이야기해 보겠습니다.

나와 전혀 상관없는 이의 죽음은 아무리 그 숫자가 많아도 무게감이 늘어나지 않아 우리를 고통으로까지 끌어들이지는 않습니다. 그러나 한 명이라도 나에게 소중한 사람의 죽음은 우리의 삶을 크게 변화시킵니다. 나 자신에게 매우 큰 의미 있는 존재가 이 세상에 존재하느냐 아니냐는 절대적으로 중요한 문제이니까요. 대개 우리에게는 함께 살면서 정을 나눈 가족이 가장 소중한 존재일 겁니다. 부모와 자식 사이에서는 서로가 자신의 목숨만큼 소중하다는 생각을 합니다. 그러나 누구나 다 그런 것은 아니겠지요. 친부모 자식 사이라도 소원했다면 한 사람의 죽음이 남은 이에게 큰 영향을 끼치지는 못할 것입니다. 반면 혈연관계가 아니더라도 평소에 서로를 자기 삶의 일부분처럼 여겨 왔다면 한 사람의 죽음으로 생긴 빈자리는 무엇으로도 채울 수 없을 것입니다.

모모 앞의 서로 다른 죽음

에밀 아자르의 《자기 앞의 생》은 한 소년의 시점에서 쓴 이야기입니다. 아랍 혈통인 모모는 자신의 부모가 누군지도 모른 채 세 살

때부터 로자 아줌마 집에서 자랐습니다. 로자 아줌마는 젊은 날은 매춘부로 살았고, 나이 들어서는 동네의 매춘부들이 일하는 동안 그녀들이 맡기고 간 아이들을 돌봤습니다. 유대인인 로자 아줌마는 젊은 날에는 나치의 핍박을 받았고 프랑스로 이주해서는 언제나 경찰에 붙잡힐까 봐 조마조마한 마음으로 살아왔습니다. 이런 로자 아줌마였지만 모모에게는 엄마나 다름없었고 로자 아줌마 역시 모모를 아이들 중에서 가장 사랑했습니다. 그래서 로자 아줌마는 다른 아이들이 떠난 이후로도 모모의 나이를 네 살이나 어린 것처럼 속이면서 모모와 살고 싶었습니다. 모모는 로자 아줌마가 늙고 병드는 것을 걱정했습니다. 어느 날 갑자기 혼자 살아야 하는 상황이 오면 어쩌나 하는 두려움에 빠지기도 했습니다.

모모에게 늙고 병드는 것은 낯설지만은 않습니다. 동네에 혼자 사는 하밀 할아버지가 늘 쿠란 경전을 읽으며 생의 마지막을 준비하는 모습을 봐 왔기 때문입니다. 모모는 궁금한 것이 있을 때는, 젊은 시절 양탄자를 팔며 많은 곳을 돌아다녀 아는 것이 많은 하밀 할아버지를 찾아가곤 했습니다. 그런 하밀 할아버지가 노쇠해져 정신이 오락가락하고 혼자서 화장실 가기도 어려워하자 모모는 서글퍼졌습니다. 그래서 노인들을 공격하는 야비한 악당이 바로 '자연'이라고 생각합니다.

모모는 하밀 할아버지가 곧 죽을지도 모른다는 사실을 받아들이고 그를 동정하였습니다. 그렇지만 그 사실이 모모의 삶에 큰 변화를 일으키지는 않았습니다. 평소 친하게 지냈기에 슬프긴 하지만 그 슬픔으로 일상생활이 어려워지지는 않을 정도로 대했습니다. 모모가 하밀 할아버지와 적당한 거리를 두는 것은 하밀 할아버지가 혈육이 아니어서만은 아닙니다. 혈육인가 아닌가는 모모에게 중요하지 않아 보입니다. 나중에 모모의 친부임을 주장한 남자가 로자 아줌마를 찾아와 죽기 전에 아들을 만나고 싶다고 했을 때, 모모는 로자 아줌마와 함께 유대교인처럼 행동하며 그를 속입니다. 그 후 친부가 갑자기 심장마비로 죽었을 때에도 모모는 크게 놀라지 않았습니다. 모모에게는 친부의 죽음보다도 그의 방문 덕분에 자신의 실제 나이가 이전보다 네 살이나 많음을 알게 된 것이 더 중요한 사건이었습니다.

그런데 모모에게 로자 아줌마의 죽음은 지금까지 생각해 온 죽음과는 달랐습니다. 평소와 달리 괴상한 행동을 하다 갑자기 혼수상태에 빠지는 로자 아줌마를 볼 때마다 모모는 너무 두려워 어쩔 줄을 몰랐고 무엇보다 로자 아줌마를 잃을까 봐 겁이 났습니다. 로자 아줌마가 겪는 병은 치료가 불가능했습니다. 상태가 심각하다는 것을 안 로자 아줌마는 모모에게 죽을 때까지 침대에 묶여 식물인간으로 사느니 차라리 숲에 버려지는 것이 낫다며 제발 병원에 보내지 말라고 애원했습니다.

친부의 죽음을 담담하게 받아들였을 때와는 달리 로자 아줌마의 죽음이 현실로 다가오는 것을 느끼자 모모는 어쩔 줄 몰라 도망쳐 달아나기 위해 거리로 뛰쳐나왔습니다. 두려워 도망친다고 다가오는 죽음을 피할 수 있는 것은 아니지만 잠시 동안은 불안을 잊을 수 있었습니다. 거리에서 만난 친절한 여자들은 모모의 행색을 보고는 돌봐 주고 싶어 했습니다.

그러나 모모는 그녀들의 친절을 받아들일 수가 없습니다. 로자 아줌마가 싫어할 것이 분명했기 때문입니다. 모모는 로자 아줌마의 실성한 모습을 감당할 수도 없었지만, 친부나 하밀 할아버지에게 했던 것처럼 외면할 수도 없었습니다. 그러기엔 로자 아줌마가 모모에게 너무나 소중한 존재이기 때문입니다. 이처럼 죽음의 무게는 죽은 사람이 자신에게 얼마나 소중한 존재인지에 따라 다르게 느껴집니다.

허망한 종말이 아닌 실존적 선택

독일의 실존철학자 **칼 야스퍼스**Karl Jaspers, 1883-1969는 죽음을 대하는 태도에 두 가지가 있다고 합니다. 하나는 살고 죽는 것에 얽매이며 시간과 공간 안에서 이러저러하게 존재하다가 끝나는 허망한 종말로서의 죽음이고, 다른 하나는 자기 자신이기를 선택하고 결단하는 계기로서의 죽음입니다. 그래서 그는 죽음을 대하는 태도에 따라 삶이 변화할 수 있다고 보았습니다. 자기 자신이기를 선택하고 결단하는 계기로서의 죽음은 자신의 죽음뿐만 아니라 다른 사람의 죽음에도 해당합니다. 그런데 어떻게 하면 다른 누군가의 죽음이 자기 자신이기를 선택하는 계기가 되고 삶이 변화할 수 있는 기회가 될 수 있을까요? 다른 누군가의 죽음 앞에서 자기 자신을 발견하고 변화된 삶을 사는 모습이 바로 모모에게 있습니다.

사실 모모에게는 야스퍼스가 말한 죽음에 대한 두 가지 태도가 모두 있습니다. 모모에게 친부의 죽음은 생물학적 종말 이상도 이하도 아니었습니다. 이러한 태도는 죽음을 앞둔 하밀 할아버지를 대할 때도 크게 다르지 않았습니다. 하밀 할아버지는 모모가 어릴 때부터 세상 곳곳의 많은 이야기를 들려준 친절한 사람입니다. 모모는 그런 할아버지가 곧 죽는다고 생각하니 화가 나고 슬펐지만, 일부러 슬픔을 찾아다닐 필요는 없다며 하밀 할아버지 곁을 떠나 버렸습니다.

하밀 할아버지를 대하는 모모의 모습은 자칫 매정한 것처럼 보일지 모르지만, 평범한 사람이라면 갖는 일반적인 태도입니다. 잘 알고 지내던 누군가가 세상을 떠났다고 하면 슬퍼하고 그 사람과의 좋았던 일들을 추억하며 명복을 기원하지만, 그 사람의 죽음 때문에 자신의 일상이 어긋나거나 지금까지의 생활이 변하는 것까지

칼 야스퍼스

독일 철학자 칼 야스퍼스가 죽음 개념을 중심으로 자신의 실존철학을 펼칠 수 있게 된 데에는 30세를 넘기기 어렵다고 진단받은 심장협착증이 있었다. 야스퍼스에게 무엇보다 중요했던 것은 죽음을 앞둔 시한부 인생을 의미 있게 보내는 일이었다. 그의 일생이 바로 죽음과 고통의 '한계상황' 앞에서 자기 자신을 결단하며 살아가지 않으면 안 되는 고독한 '실존'의 삶 그 자체였다.

는 바라지 않습니다. 오히려 이 세상을 떠난 그 사람으로 인해 자신이 지금 여기에 살아 있다는 것을 더 선명하게 느끼고 안도하게 됩니다. 그러면서 우리 자신에게도 언젠가 죽음이 찾아올 것이라는 사실을 애써 외면합니다.

이처럼 일상적으로 사는 존재를 야스퍼스는 '현존재'라고 합니다. 현존재는 세상 사람들이 사는 대로 살아가는 사람을 일컫습니다. 현존재는 '나는 여기에 존재하고 있다'는 사실을 경험하면서 자기 자신을 절대적으로 긍정하고 자신을 세계의 중심으로 생각합니다. 현존재는 자신이 처한 상황에서 최대한 자신을 이롭게 하고 안전하게 살고자 노력합니다. 그래서 자신이 이루고자 하는 일이 성공했을 때는 기뻐하고 실패했을 때는 실망하는데, 다름 아닌 우리의 일상적 모습입니다. 현존재는 자신을 세계의 중심이자 절대적인 것으로 간주하기에 자신의 죽음을 미리 생각하지 않습니다. 문제는 바로 이러한 특성으로 인해 현존재의 위기가 발생한다는 것입니다. 현존재는 자신이 언제까지나 죽지 않을 것처럼 살기 때문에 막상 실제 죽음이 다가오면 완전히 무력해질 수밖에 없습니다.

그런데 현존재가 갖는 죽음의 태도와는 전혀 다른 죽음의 태도가 있습니다. 죽음이라는 피할 수 없는 상황 앞에서 그저 누군가의 죽음을 슬퍼하거나 외면하는 것에 그치는 것이 아니라, 그 사람의 죽음으로 자기 자신을 발견하고 자신의 고유한 삶을 살기로 변화하는 태도입니다. 야스퍼스는 그런 변화를 가져오는 죽음을 우리가 접하는 여러 상황과 구분하여 '한계상황'이라고 합니다.

한계상황

'한계상황'은 일반적인 '상황'과 구분되는 야스퍼스 철학의 고유의 개념이다. 야스퍼스에게 '상황'은 나에게 이익 또는 손해인 것, 기회 또는 제한을 의미하는 구체적인 것이다. 야스퍼스에 의하면 우리는 언제나 '상황' 안에 있는 존재이다. 현재의 상황은 다른 상황에 들어서지 않고서는 벗어날 수 없다. 그래서 상황은 변화하는 가운데 이어진다.

예컨대 내가 실직의 상황 안에 있다고 가정해 보자. 실직의 상황은 심리적 위축과 동시에 경제적으로 곤궁한 현실에 처한 것이다. 실직은 나에게는 손해가 되는 상황이다. 그런데 나는 이 상황을 벗어나기 위해 계획하고 준비하여 실직의 상황을 변화시킬 수 있다. 나는 실직의 상황을 벗어나기 위해 취업을 목표로 행동하고 성공할 가능성이 있다.

이에 반해 한계상황은 이처럼 변화 가능한 것이 아니다. 내가 투쟁과 고통 없이는 살 수 없다는 것, 내가 죽어야만 한다는 것 등과 같은 불가피한 상황이다. 한계상황은 변하지 않고 단지 그 나타나는 현상만 달라질 뿐이다. 우리의 현존과 관련해서 한계상황은 최종적인 것이다. 한계상황은 부딪치고 난파하는 하나의 벽과도 같다.

한계상황이란 인간이 아무리 애써도 극복할 수 없는 상황으로 고통, 투쟁과 갈등, 죄책감, 죽음 등이 이에 해당합니다. 그렇다고 모든 죽음이 한계상황으로 인식되지는 않습니다. 모모는 하밀 할아버지의 죽음에 대해서는 회피의 태도로, 친부의 죽음에 대해서는 무시의 태도로 대했습니다. 모모에게 이들의 죽음은 여러 다른 상황들과 다름없는 하나의 '상황'일 뿐입니다.

야스퍼스에게 '상황'은 '한계상황'과 대비되는 개념입니다. 우리는 언제나 다양한 상황 속에 있습니다. 시험을 준비하는 상황, 갈등을 겪는 상황, 경제적으로 궁핍한 상황처럼 우리는 삶의 매 순간에 이미 어떤 상황 속에 놓입니다. 이 상황을 우리가 스스로 선택한 것은 아니지만 처한 상황들을 좀 더 나은 상황으로 전환하기 위해 합리적인 대책을 마련하고 노력하여 피할 수 있습니다. 시험에 대비하여 공부를 열심히 하고, 갈등 해결을 위해 문제가 되는 것들을 풀어 나가고, 경제적 궁핍을 극복하기 위해 도움이 될 일을 찾아볼 수 있습니다. 이처럼 우리는 어떻게든 자신의 처한 상황을 더 원하는 상황으로 전환하기 위해 계획하고 노력할 수 있습니다. 반면 '한계상황'은 죽음과 같이 어떤 계획도 노력도 소용없고, 결코 극복할 수 없는 '벽'이라는 점에서 '상황'과 구분됩니다.

로자 아줌마의 죽음도 처음에는 다른 상황과 크게 다르지 않았습니다. 로자 아줌마의 상태가 악화되자 모모는 그 상황을 외면하고 거리로 뛰쳐나가 친절을 베푸는 다른 여성들과 즐거운 시간을 보내는 것으로 괴로움을 잊으려 했습니다. 만일 모모가 로자 아줌마의 죽음에 대해 계속 이런 태도만을 유지하다 끝나 버렸다면 모모는 현존재의 삶에 머물고 말았을 것입니다. 그러나 어떤 한순간 모모는 로자 아줌마의 죽음을 하밀 할아버지나 친부의 죽음과는 다른 '한계상황'으로 인식하고, 모모 자신을 발견하는 계기를 맞이합니다. 로자 아줌마의 죽음은 자신이 외면할 수도 어찌해 볼 도리도 없는 '벽'과 같은 상황이라는 것을 깨닫고, 그 상황을 계기로 아줌마에 대해 다른 누군가가 대신할 수 없는 자신만이 할 수 있는 고유한 책임, 즉 로자 아줌마에 대한 사랑을 스스로 결단하고 세상 사람들과 다른 고유한 자기 자신의 삶에 대해 눈뜬 것입니다.

이처럼 야스퍼스는 세상 사람들과 다름없는 현존재에서 자신만의 고유한 삶을 발견하는 **실존**으로 전환하기 위해서는 한계상황을 인식해야 한다고 말합니다. 인간이 아무리 애써도 극복할 수 없는 극한의 한계상황이 바로 자신의 죽음과 소중한 사람의 죽음입니다. 야스퍼스에 의하면 그것들은 우리의 유한성을 깨닫게 하는 신비로운 것입니다.

모든 사람이 자기 자신과 소중한 사람의 죽음을 한계상황으로 인식하는 것은 아닙니다. 자기 자신을 절대적으로 긍정하고 자신을 세계의 중심으로 생각하는 현존재는 자기 자신이나 소중한 사람이 죽는다는 사실을 망각하고 다른 사람들처럼 사는 것에만 몰두하므로, 정작 죽음과 마주하면 죽음을 '한계상황'으로 인식하지 못하고 속수무책으로 절망하게 될 뿐입니다.

실존

실존은 본질과 구분되는 개념이다. 본질은 어떤 무엇이 바로 '그 무엇'이라고 정의될 수 있는 성질을 뜻한다. 본질은 '그와 같이 있는 것'이다. "인간은 이성적인 존재이다"라고 했을 때, 인간의 본질을 이성으로 보는 것이다. 본질에 반해 실존은 어떤 무엇이 존재하는 그 자체, 즉 이러한 성질의 존재자가 현실적으로 있다는 사실을 가리킨다.

그렇다면 한계상황에 대한 인식이 어떻게 현존재에서 실존으로 넘어갈 수 있게 할까요? 이에 대해 야스퍼스는 우리가 현존재로서 그동안 집착했던 세상 일의 허망함을 깨닫고 자신에게 주어진 시간이 무한한 것이 아니라 죽음에 의해서 한정된 시간이라는 사실을 자각해야만 자기 자신의 고유한 삶을 살기로 결단하는 실존으로 갈 수 있다고 합니다. 유한한 시간 안에서 자신이 행하는 결단과 행위가 절대적으로 중요하다는 사실을 깨닫는 것입니다. 현존재가 한계상황을 인식하고 현존재에서 실존으로 넘어가면 지금까지 다른 사람들이 사는 대로 살려고 했던 것과 달리 자기 자신의 고유한 삶, '실존'으로서의 삶을 살 수 있게 되는 것입니다.

인간은 사랑 없이 살 수 없다

야스퍼스는 나의 죽음뿐만 아니라 가장 소중한 사람의 죽음 역시 그것을 어떻게 대하느냐에 따라 내 자신의 고유한 삶을 자각할 수 있는 한계상황이 될 수 있다고 했습니다. 한계상황으로서 다른 사람의 죽음은 단순히 그로 인해 기존에 누리던 것을 유지하지 못하고 결핍을 느낀다거나 하는 정도의 의미가 아닙니다. 소중한 사람의 죽음이 자신의 삶 한가운데에서 본인의 삶을 특징짓는 중요한 삶의 문제가 될 때 한계상황이 됩니다.

야스퍼스는 소중한 사람의 죽음 앞에서 자신의 자유로운 가능성을 선택하고 결단하여 참된 자기를 찾을 수 있다고 보았습니다. 그는 이러한 죽음 인식을 '실존의 거울'이라고 합니다. 그렇다면 어떻게 다른 사람의 죽음이 자신에게 실존을 자각하게 하고 삶의 근본적 변화를 일으킬 수 있을까요? 모모의 경우 현존재로 살다 실존으로 전환된 시점이 명확히 구분됩니다. 로자 아줌마의 병세가 심해지면서 이해할 수 없는 행동을 하자 모모는 그 상황을 외면하고 도망쳤습니다. 그러던 어느 날 친절하게 대해 준 적이 있던 여자의 뒤를 쫓다가 그녀가 들어간 방 밖에서 죽이지 말라고 애원하는 남자의 외침과 이어지는 커다란 총소리, "내 사랑, 가여운 내 사랑"이라고 읊조리는 여자의 목소리를 듣습니다.

모모는 여자의 목소리에 가슴이 미어지고 깊이 감동받아 한참을 그 자리에 우뚝 서 있었습니다. 그러고는 감정이 가까스로 진정되려는 순간, 방금 일어났던 소란이 여러 번 반복되었습니다. 모모는 자기의 죽음을 괴로워하는 누군가가 있다는 사실이 너무 기쁜 남자가 여자의 품 안에서 대여섯 번씩이나 죽는 것 같다는 생각을 했습니다. 그 순간 모모는 로자 아줌마를 떠올렸습니다. 머리카락이 다 빠지고 주체할 수 없이 살찌고 늙고 추한 그에게는 "내 사랑, 가여운 내 사랑"이라고 말해 줄 사람이 아무도 없다는 것이 떠올랐습니다.

그들을 구하러 방문을 연 모모는 지금까지의 소리가 성우들이 영화 대사를 더빙하고 있던 것임을 알게 됩니다. 게다가 모모는 영화 필름이 거꾸로 돌아가는 모습을 보고 로자 아줌마의 인생을 떠올렸습니다. 그러면서 로자 아줌마에게도 아름다운 젊은 시절이 있었을 것이라고 생각하고 젊고 활기찬 모습을 상상하며 눈물을 흘립니다. 바로 그 순간이 지금까지 모모가 로자 아줌마의 죽음을 두려워하며 피하려 했던 것과 전혀 다른 태도로 바뀌는 전환점입니다.

거꾸로 돌아가는 필름은 모모에게 매우 중요한 자기 발견의 계기를 마련해 줍니다. 모모는 로자 아줌마의 인생 전체를 상상하며 아름다웠던 그의 젊은 시절과, 지금은 더 이상 아무도 사랑할 수 없는 몰골이 된 것에 대한 깊은 동정을 느끼고 그에 대한 무한한 사랑과 책임을 자각합니다. 이와 동시에 지금까지는 남들이 두려워하는 경찰이나 테러리스트가 되고 싶다고 생각했지만, 이제 자신이 진짜 되고 싶은 것은 빅토르 위고 같은 작가라는 것을 깨닫습니다.

로자 아줌마를 진심으로 사랑할 유일한 사람이 바로 자기 자신이며 그를 끝까지 책임지겠다고 결심한 모모는 로자 아줌마를 집에 두고 나와 자기 혼자 즐거운 시간을 보낸 것을 후회합니다. 이러한 후회는 다른 사람에게서는 느껴 보지 못한 감정이며, 이로써 진짜 자기가 어떤 사람인지를 자각합니다. 로자 아줌마의 죽음을 한계상황으로 인식함으로써 모모는 스스로를 비추고 자신이 어떤 존재인지를 알게 된 것입니다. 이러한 깨달음 이후 모모는 로자 아줌마의 곁을 끝까지 지켜 주며 그가 가장 원하는 모습으로, 원하는 공간에서, 진실한 사랑 속에서 죽음을 맞이할 수 있게 최선을 다합니다.

인간은 불멸의 존재가 아니므로 우리 모두 언젠가 죽음이라는 종말을 필연적으로 맞이합니다. 그렇지만 그것이 마냥 두려운 것만은 아닙니다. 야스퍼스 철학에서 죽음은 자신의 운명을 최후의 불가피한 상황에서 결단하는 가장 극적인 사건입니다. 그래서 그의 철학에서 죽음은 생물학적인 의미에서 관찰할 수 있는 과학적 지식의 대상이거나 그와 정반대로 '알 수 없는 어떤 것'으로 여겨지기보다 '주체적으로 내면화된 내적 체험'을 하는 계기입니다.

그래서 야스퍼스에게 죽음은 삶의 연속성이 단절되는 고통스러운 '사건'이 아니라, 삶의 의미가 집중되는 '중심' 혹은 '초점'이 되고 참된 자기가 될 수 있도록 일깨워 주는 '거울'이 되는 것입니다. 이때의 죽음은 인간이면 누구나 맞이하는 수많은 사건 중 하나에 불과한 것이 아니라, 오로지 자기 자신과의 관계에서 현재의 삶에 변화를 일으키고 자신의 삶에 의미를 부여하는 아주 중요한 개인적 사건입니다.

이런 죽음은 삶과 정반대의 것이 아니라, 오히려 삶을 구성하는 중요한 '근본요소'이자, 참真 true자기, 진정한 실존으로 나아가는 필연적인 조건이 됩니다. 소중한 사람의 죽음은 나와의 관계가 끝났음을 의미하지 않습니다. 오히려 그것을 통해 우리는 자기 자신의 참모습을 찾아가는 또 다른 여정을 시작할 수 있습니다. 그러한 여정 속에서 소중한 사람의 죽음은 단지 하나의 현상일 뿐이고 그 사람이 현실에 존재하는지 아닌지와 상관없이 그를 향한 사랑은 언제까지나 지속할 수 있습니다. 우리가 실존으로 살아가는 한, 우리는 사랑하는 사람을 죽음으로 잃지 않을 수 있습니다. 실존의 방식으로 사는 사람은 소중한 사람이 죽더라도 죽음을 초월하여 늘 현재형으로 사랑하고 끊임없는 자기발견으로 새롭게 함께할 수 있으니까요.

가까운 이의 죽음을 어떻게 받아들일까?

《몬스터 콜스》

어떤 이별은 돌이킬 수 있습니다. 누군가와 절교했더라도 시간이 흘러 용서할 마음이 들거나 사과를 받으면 관계가 회복될 수 있고, 물리적으로 떨어져 지내더라도 살아 있기만 하면 언젠가 다시 만날 수 있습니다. 그런데 죽음으로 맞이하는 이별은 도저히 되돌릴 수가 없습니다. 그래서 죽음이 두려운 것입니다. 더구나 세상에서 유일하게 의지하고 사랑하는 사람과 죽음으로 이별해야 한다면 서로의 마음에 큰 상처로 남지 않을 수 없습니다. 설령 죽음 이후에 다시 만날 것을 확고히 믿는 종교인이라도 죽음으로 인한 이별의 고통은 전혀 줄어들지 않을 것입니다.

죽음으로 인한 이별에는 교통사고로 인한 죽음처럼 갑작스러운 이별도 있고 병원에서 투병하다가 맞이하는 죽음처럼 예정된 이별도 있습니다. 둘 중 무엇이 더 낫다고 할 수는 없지만, 갑자기 이별하면 살아 있을 때 더 잘해 주지 못한 후회가 많이 남는 반면, 오랜 투병 생활을 함께하다 보면 투병 생활 내내 희망과 절망을 수없이 반복하다가 결국에는 지치고 원망하면서 죄책감에 빠져들게 됩니다. 특히 후자의 경우에는 떠나는 사람과 남은 사람 모두 오랫동안 고통의 시간을 견뎌야 해서 생활이 피폐해지고 감정적으로도 매우 힘들어집니다. '긴 병에 효자 없다'는 속담처럼 오래도록 병든 사람을 돌보는 것은 이별의 슬픔과 함께 힘겨운 시간이 끝나기를 은밀히 바라는 죄책감까지 겹쳐 마음이 더욱 무겁습니다. 이처럼 죽음이 불러온 고통과 그것으로부터 어서 벗어나기를 바라는 죄책감이 이중의 고통이 되어 가슴을 짓누르고 감정을 억누르는데, 많은 경우 마음의 병으로 이어지기도 합니다.

어른들만 죽음에 대해 인식하는 것은 아닙니다. 사람은 두 살 정도만 되어도 반려동물이나 가족의 죽음을 접하면서 생명이 유한하다는 사실을 인식하고, 이르면 세 살, 늦어도 여섯 살에는 자신의 부모가 죽을 수 있다는 사실을 인식할 뿐만 아니라 자신도 죽는다는 것을 깨닫습니다. 자신이나 자신에게 소중한 사람이 죽을 수 있다는 것을 처음 알게 될 때 심한 불안과 공포를 느끼는 것은 당연한 반응입니다. 처음에는 이러한 충격과 두려움을 감당할 수 없어서 의식 밖으로 밀어내 억압하지만 외면할 수 없는 현실로 다가오면 일상생활을 하는 데 큰 어려움을 겪게 됩니다.

《몬스터 콜스》는 오래도록 아픈 엄마와 곧 헤어져야 하는 열세 살 소년 코너의 이야기입니다. 엄마와 사는 코너는 아픈 엄마 대신 집안 살림을 도맡으며 어른스럽게 행동하지만, 마음은 불안으로 가득합니다. 학교에서 다른 아이들과 좀처럼 어울리지 못하고 자신을 괴롭히는 아이가 있어도 괴롭히도록 그냥 내버려 둔 채 무감각하게 지냅니다. 게다가 코너의 처지를 딱하게 여기는 선생님과 오래도록 친하게 지냈던 이웃 친구의 관심까지 외면하며 우울하게 혼자 지내고 있습니다. 엄마가 죽을지도 모른다는 불안감과 그것을 부정하고 싶지만 그럴 수 없는 현실 사이에서 괴로울 뿐입니다. 그러나 코너는 결국 엄마와의 이별을 맞이해야 합니다. 어떻게 하면 그 순간을 용기 있게 맞이할 수 있을까요?

《몬스터 콜스》는 작가 시몬 도우드가 죽기 전에 구상하고 패트릭 네스가 완성한 작품입니다. 생전의 시몬 도우드는 "아이가 책을 읽을 수 있으면 생각할 수 있다. 생각할 수 있으면 그 아이는 자유다"라는 멋진 말을 남기며 소외 지역의 어린이들을 대상으로 독서 운동을 활발하게 펼쳤습니다. 이처럼 열정적인 작가가 죽음을 앞두고 엄마의 죽음을 겪는 소년의 이야기를 구상했다니 작품에서 다루는 죽음의 주제가 더욱 살갑게 느껴집니다. 또 한편으로는 시몬 도우드에게 이 작품이 어떤 의미였을까를 생각해 보게 합니다.

죽음은 많은 사람에게 큰 변화를 주는 사건입니다. 특히 작가들은 자신의 죽음을 앞두고 인생의 의미를 작품에 담아내기도, 생명을 깎아 가며 작품에 모든 힘을 쏟아붓기도, 작품을 완성하겠다는 의지로 예상 수명보다 더 오래 버티기도 합니다. 시몬 도우드에게는 작품을 완성할 시간이 충분히 주어지지는 않았지만, 언젠가 맞이할 자신의 죽음을 위해 마지막 작품으로 《몬스터 콜스》를 구상한 것으로 추측됩니다. 그런 점에서 코너와 코너의 엄마가 모두 작가의 분신이 아닐까 생각합니다. 코너를 두고 세상을 떠나기 싫은 엄마의 마음과 그래도 어쩔 수 없이 떠나 보내야 하는 코너의 마음이 모두 작가의 마음이었으리라 짐작합니다.

《몬스터 콜스》는 코너의 관점에서 시작합니다. 코너는 엄마가 죽어 간다는 사실을 처음에는 인정하지 않았지만, 시간이 흐를수록 그것은 받아들여야 할 현실로 다가옵니다. 엄마도 코너도 이 현실을 외면하려 하지만 언제까지나 그럴 수는 없습니다. 엄마가 코너를 지키지 못하고 죽을 수밖에 없듯이 작가 시몬 도우드 역시 작품을 완성하지 못한 채 죽었습니다. 그가 끝맺지 못한 이야기는 그가 죽은 지 4년 후 바통을 이어받은 패트릭 네스에 의해 완성되었습니다. 두 작가에 의해 완성된 코너의 이야기는 영원한 이별을 앞둔 아이의 복잡한 심리를 파헤치고 있습니다.

누구에게나 죽음불안이 있지만

사람들은 일상생활에서 크고 작은 불안을 경험합니다. 경쟁에 대한 불안, 실패에 대한 불안, 고립에 대한 불안 등 셀 수 없이 많은 종류의 불안이 있지만, 그중에서 죽음불안은 모든 사람이 겪는 가장 강력한 불안이자, 다양한 불안의 근원이라 할 수 있습니다. 경쟁에서 뒤처지고, 계획한 것에 실패하고, 집단으로부터 고립되는 것이 불안한 이유는 잘 사는 것과 반대로 죽음을 맞닥뜨릴 것 같기 때문입니다. 죽음불안은 자기 자신의 죽음 외에도 가족의 죽음, 사랑하는 사람의 죽음을 걱정하는 것을 포함하고, 더 넓게는 죽음에 대한 생각을 떠올리게 하는 모든 것으로부터 유발되는 불쾌한 마음 상태를 뜻합니다. 코너는 바로 이 죽음불안을 겪고 있습니다.

보통의 일상에서 사람은 죽음에 대한 생각이 떠오르지 않도록 소비하고 즐기는 데 전념하거나, 남들보다 뛰어난 성과를 내거나, 사회적 집단에 소속감을 갖거나, 명성을 추구하거나, 열정적으로 사랑하는 등 적극적이고 즐거운 활동을 하며 죽음불안을 피하려 합니다. 그러나 죽음불안을 회피하는 것이 꼭 좋지만은 않습니다. '인간은 누구나 죽는다'는 유한성을 인정하지 않는 것은 바람직하지도 않고 불가능하기 때문입니다. 따라서 나 자신이든 가족이든 친구든 언젠가 맞이할 죽음을 피할 수 없다면 그로 인해 생겨난 죽음불안을 어떻게 직면할지 모색하는 것이 더 지혜로운 태도입니다.

죽음을 연구하는 심리학에서는 죽음불안을 불안의 지속성, 강도, 결과 등을 기준으로 구분합니다. 누구에게나 죽음불안이 있지만 체험하는 빈도와 강도가 사람마다 다르고 죽음을 두려워하는 이유와 그에 대처하는 것도 개인마다 다르다 보니 개인의 삶에 영향을 미치는 방식에 따라 유형화를 한 것입니다.

첫째로 불안의 지속성에 따라 일시적 죽음불안과 만성적 죽음불안으로 구분합니다. 사람들은 반려동물을 떠나 보내거나 지인의 장례식에 참여하면서 일시적으로 죽음을 생각한 뒤 일상으로 복귀합니다. 이때의 죽음불안을 일시적 죽음불안이라고 합니다. 그와 달리 반복해서 죽음을 생각하고 오랜 기간 죽음불안에 시달리는 경우는 만성적 죽음불안이라고 합니다. 이런 경우를 심리학 전문 용어로는 실존신경증 상태라고 하는데, 심하면 죽음불안을 고통스럽게 경험할 뿐만 아니라 삶의 무의미함과 공허함에 빠져 현실에 대한 관심이 떨어집니다. 코너는 엄마가 수년째 병상에 누워 있고 상태가 점점 악화됐기 때문에 만성적인 죽음불안을 겪고 있는 것입니다.

둘째로 죽음에 대한 불안의 강도에 따라 모호한 위협에 대한 약한 강도의 두려움인 막연한 죽음불안과, 좀 더 명확한 위협에 대한 강한 강도의 두려움인 강렬한 죽음공포로 구분합니다. 우리는 언젠가 죽는 것을 알면서도 그것이 당장의 일이 아니라면 막연한 죽음불안만 느끼지만, 코너처럼 엄마가 심각한 병을 앓아 병원에서 치료를 받고 생명이 위협받는다면 강렬한 죽음공포를 느낍니다. 강렬한 죽음공포는 눈앞에 닥친 위험에 대한 현실적인 반응인 반면, 막연한 죽음불안은 건강한 사람이 언젠가 다가올 미래의 죽음에 대해 지나치게 심각하게 받아들여 생기는 반응입니다.

셋째로 불안의 결과에 따라 적응적 죽음불안과 부적응적 죽음불안으로 구분합니다. 죽음불안이 유한한 생명의 소중함을 깨닫게 하고 좀 더 의미 있는 삶을 살도록 하고, 다른 사람들과 좋은 관계를 맺고 자신의 인격을 닦을 수 있게 한다면 그것은 좋은 것입니다. 이때의 죽음불안을 적응적 죽음불안이라고 합니다. 반면 죽음불안이 과도하여 고통스럽거나 마음의 병으로 이어지면 부적응적 죽음불안이라 합니다. 코너는 매일 밤 벼랑 끝에 매달린 엄마의 손을 힘껏 붙잡아 보지만 결국엔 엄마 손을 놓치는 악몽을 반복해서 꾸고 있습니다. 밤에는 악몽에 시달리고 낮에는 학교에서 친구들과 어울리지 못해 괴롭힘을 당하는데도 아무 말도 하지 않는 것을 보면 코너의 죽음불안은 부적응적 결과에 해당합니다.

죽음불안	지속성	일시적 죽음불안
		만성적 죽음불안
	강도	막연한 죽음불안
		강렬한 죽음공포
	결과	적응적 죽음불안
		부적응적 죽음불안

종합해 보면 코너는 만성적 죽음불안을 겪고, 현재 엄마의 위중한 상태 탓에 강렬한 죽음공포를 느끼면서 또래 아이들과 어울리지 못하고 삶을 무감각하게 대하는 부적응적 죽음불안의 상태에 놓여 있습니다. 물론 모든 사람이 코너와 같은 위기 상황에서 코너처럼 부정적인 상태에 빠지는 것은 아닙니다. 낙천적이고 긍정적인 성향을 지닌 사람이라면 같은 상황에서도 아픈 엄마와 함께할 수 있는 남은 시간을 소중히 여기며 더 많이 사랑을 표현하면서 더 열정적으로 지낼 수도 있을 것입니다. 그렇지만 대부분의 사람은 절망적인 상황을 겪으면 힘들어하고 우울해합니다. 그중 신경이 예민한 사람들은 같은 상황에서도 더 심한 고통을 겪고 마음의 병

을 잃는 것이지요. 과연 코너는 어떻게 부정적인 죽음불안을 극복하고 엄마와의 영원한 이별을 잘 맞이할 수 있을까요?

창조를 위한 용기

그날도 코너는 악몽에서 깨어납니다. 그리고 어둠 속에서 들리는 거친 목소리에 공포를 느낀 코너가 창밖 뒷마당을 내다보자, 언덕 위 묘지가 딸린 교회 앞에 있어야 할 커다란 주목 나무가 몬스터로 변해 우뚝 서 있었습니다. 다음 날에도 같은 시간에 코너를 찾아온 몬스터는 뜻밖에도 자신이 코너를 찾아온 것이 아니라 사실은 코너가 불러냈다고 말합니다. 그러면서 자신이 걸을 수 있게 된 세 이야기를 들려줄 테니 그다음에는 코너 자신의 진실, 감추고 싶지만 두려워하는 진실을 이야기해 달라고 말합니다. 코너는 처음에 몬스터가 왜 찾아왔는지도, 코너가 자신을 불러냈다는 몬스터의 말도 이해하지 못합니다. 그러나 결과적으로 몬스터는 코너의 악몽에 숨은 진실을 밝혀내고 그것이 가져온 심리적 갈등을 해결하는 실마리를 제공합니다. 그런 점에서 몬스터는 코너를 위협하는 외부 세계의 괴물이기보다 죽음불안을 극복하기 위한 코너 자신의 심리적 방어책이라고 생각합니다.

실존주의 심리학자 **롤로 메이**Rollo May, 1909-1994는 인간이 불안으로부터 완전히 해방될 수 없고, 오히려 불안 상태가 가장 절실한 실존적 모습이라고 합니다. 그에 의하면 불안의 밑바닥에는 공통적

롤로 메이

미국에서 태어난 롤로 메이는 부모님의 불화와 여동생의 정신질환으로 힘든 어린 시절을 보냈다. 대학을 졸업하고 떠난 유럽에서 정신의학자 알프레드 아들러와 친구가 되었고, 독일 심리학의 영향을 받았다. 다시 미국에 돌아와서는 신학과 임상 심리학을 공부했다. 특히 폴 틸리히의 신학에 많은 영향을 받았으며, 결핵으로 3년간 요양소에 있을 때 쇠렌 키르케고르의 실존철학을 알게 된 이후 자신의 심리치료에 실존주의 사상을 접목하였다.

《사랑과 의지》, 《창조를 위한 용기》를 비롯한 여러 작품을 쓴 롤로 메이는 기존의 심리학적 인간 이해가 육체적 차원이나 사회적 차원, 정신적 차원 중 한쪽만 강조하고 있어서 인간의 모습을 전체적으로 파악하지 못하고 있다는 점을 비판적으로 지적했다. 또 기존의 상담 용어인 '심리'라는 용어 대신 인간의 전체적인 모습을 보다 역동적으로 보여 주는 '인격'이라는 용어를 제안했다.

으로 인간의 한계상황인 죽음공포가 깔려 있다고 합니다. 더 나아가 그는 생물학적 몸의 소멸을 의미하는 죽음공포와 더불어 삶의 과정에서 경험하는 삶의 공포도 불안을 야기한다고 보았습니다. 그런데 삶의 공포도 그 이면을 보면 죽음공포와 밀접히 연결되어 있다고 합니다. 죽음이라는 한계상황으로 인해 주어진 삶에서 완수해야 할 일을 완성하지 못하는 데서 오는 정신적 불안이 삶의 공포를 불러낸다는 것입니다. 예를 들면 좋은 일자리를 얻고 가정을 이루고 친구를 만드는 것은 모두 잘 살기 위해서인데, 이를 제대로

하지 못하면 불안해합니다. 이러한 삶의 공포는 결과적으로 가난하고 외로운 사람으로 쓸쓸히 죽는 것을 염려한다고 볼 수 있습니다. 삶의 공포와 죽음공포는 연결됐다고 할 수 있지요.

코너에게도 자신을 유일하게 돌봐 주고 사랑해 주는 엄마의 죽음이 멀지 않았다는 죽음공포와 앞으로 엄마 없이 살아야 하는 삶의 공포가 동시에 있습니다. 코너의 삶의 공포 이면에는 그 자신이 잘 적응하지 못해 죽을 수도 있다는 죽음공포가 연결되어 있습니다. 코너가 악몽에 시달리고 학교에서 투명인간처럼 지내는 것이 모두 죽음공포와 삶의 공포 때문이 아닐까 생각합니다.

메이는 《창조를 위한 용기》에서 인간의 한계성인 죽음인식을 처절하게 경험하는 바로 그 순간, 그것을 극복하고 새로운 가능성을 창조하려는 계기가 생성된다고 합니다. 그는 이를 '창조를 위한 용기'라고 합니다. 창조를 위한 용기가 작가에게서는 작품으로 실현될 것이고, 학자에게서는 학문적 이론으로 완성될 것이고, 그 밖에도 생활 속의 새로운 도전, 새로운 아이디어 등으로 다양하게 나타날 것입니다. '창조를 위한 용기'는 죽음을 뛰어넘기 위해, 죽음의 불안과 공포를 극복하기 위해 스스로 만들어 내는 삶의 의미이자 의지와 같다고 생각합니다. 그런 점에서 코너에게 나타난 몬스터는 초월적 세계나 외부로부터 찾아온 것이라기보다는 코너 자신이 죽음공포와 삶의 공포를 극심하게 겪는 중에 이것을 극복하고자 스스로 용기를 내어 내면에서 창조한 것으로 보입니다.

몬스터가 들려주는 세 이야기는 모두 코너가 겪는 심리적 어려움에 대한 것입니다. 첫 번째 이야기에는 왕과 왕손의 약혼녀를 살해한 죄로 쫓겨난 왕비와 선한 왕이 된 왕손이 등장하는데, 약혼녀를 살해한 사람은 왕비가 아니라 왕손이었고 왕손이 왕비에게 누명을 씌워 쫓아낸 것이 사건의 진상입니다. 모든 인간은 양면성을 지닌다는 내용을 담은 이 이야기는 코너가 불편해하는 할머니를 다시 생각하게끔 합니다. 코너는 엄마를 돌보기 위해 자신의 집으로 찾아와 코너의 방을 차지한 할머니를 몬스터가 물리쳐 주기를 원했지만, 몬스터는 절대적으로 세상에 완벽하게 선하거나 악한 사람은 없다는 것을 말해 줍니다.

두 번째 이야기는 엄마가 입원하고 코너가 할머니 집에 머물 때 시작됩니다. 이야기에는 고집 센 약제사와 그를 비난하는 목사가 등장하는데, 목사가 약제사를 비난해서 약제사의 처지가 어려워졌지만 정작 목사의 두 딸이 병에 걸리자 목사는 약제사를 찾아가 신앙을 버릴 테니 두 딸을 살려달라고 애원합니다. 코너는 이것을 보고 약제사가 나쁘다고 생각하지만, 몬스터는 믿음을 저버린 목사가 나쁘고 그를 벌해야 한다며 그가 사는 목사관을 부숩니다. 코너는 몬스터에 이끌려 함께 목사관을 부수는데 그 과정에서 그동안 꽁꽁 감춰 왔던 억눌린 분노를 분출합니다. 코너는 엄마가 병든 것이 속상했고, 아빠가 재혼해서 떠난 것이 화가 났고, 고집 센 할머니와 함께 살아야 하는 것이 싫었습니다. 그런데 몬스터의 두 번째 이야기가 끝나고 정신을 차리고 보니 코너가 부순 것은 이야기 속 목사관이 아니라 할머니가 소중히 여기는 귀한 물건들로 가득한 할머니의 거실이었습니다. 코너는 할머니가 자신을 용서하지 않을 것이라 생각하고 두려움에 떨지만, 병원에서 돌아온 할머니는 코너를 불러 혼내는 대신 남은 물건마저 부숴 버리고 엄마가 어린 시절에 지내던 방에 들어가 울음을 터뜨립니다. 이 이야기를 통해 코너는 몬스터의 이야기처럼 근거 없이 약제사의 겉만 보고 판단한 목사가 잘못했음을 깨닫고 할머니의 겉모습만 보고 판단했던 자신을 돌아보게 됩니다.

세 번째 이야기는 학교 식당에서 코너가 또래 아이들에게 투명인간처럼 무시당할 때 몬스터가 찾아와 더 이상 참지 말라고 부추기는 내용입니다. 덕분에 코너는 자신을 괴롭히던 아이를 흠씬 두들겨 패서 모두를 놀라게 합니다. 이러한 사건을 종합해 봤을 때 몬스터는 코너와 전혀 상관없는 다른 존재가 아닌 코너의 **무의식** 속에 잠재된 코너 자신의 목소리로 생각됩니다. 그렇다면 몬스터가 들려준 이야기들은 결국 코너를 둘러싼 수용하기 어려운 상황을 코너 스스로가 풀어가고자 창조한 것이며, 코너의 진실을 말해 주는 것입니다. 몬스터의 이야기를 들은 코너는 앞으로 함께 살아갈 할머니를 이해하게 됐고, 할머니를 겉으로 보이는 대로만 평가하지 않게 됐으며, 억눌린 감정들을 풀어 주면서 더 이상 투명인간으로 취급당하지 않게 되었습니다. 몬스터는 앞으로의 삶을 위해 새로운 질서를 만들어 줄 코너 자신의 창조물인 셈입니다.

메이의 《신화를 찾는 인간》에 의하면 신화는 의미 없는 세계에서 의미를 만들어 내는 방법이자 우리의 실존에 의미를 부여하는

무의식

무의식은 정신분석학을 개척한 프로이트에 의해 발견되었다. 우리의 정신에는 의식 외에도 의식에 떠오르지 않지만 그 언저리에 있는 잠재적인 상태의 무의식이 있다는 것이다. 무의식의 발견으로 우리에게는 의식 말고도 또 다른 정신영역이 있다는 것이 밝혀졌다.

프로이트에 의하면 무의식은 의식에 떠오르지 못하도록 억압된 본능의 영역에 속하지만 의식적인 삶이 무의식적 동기에 의해 조정된다고 보았다. 프로이트에게 무의식적 동기는 원시적이고 본능적이며 비합리적인 힘이다. 무의식은 우리 자신 내면의 낯선 것, 알 수 없는 것들이 우리의 경험이나 마음의 변화, 꿈, 무엇인가가 떠오를 때와 같이 우리 안에 있으면서 영향을 미치는 것이다. 무의식의 대표적인 것 중 하나가 꿈이다. 프로이트의 제자이자 나중에는 프로이트와 결별하고 독자적인 분석심리학을 개척한 칼 구스타프 융은 정신적인 안정을 위해 그리고 신체적인 건강을 위해 무의식과 의식이 하나로 결합되어야 한다고 보았다.

이야기 방식이라고 합니다. 그 실존의 의미가 우리 스스로 용기를 내서 삶에 부여한 것이든, 우리가 발견해야 할 것이든 신화는 실존의 의미와 중요성을 발견하는 방식입니다. 그런 면에서 신화는 밖으로 드러나지 않지만 집을 지탱하고 안에 사람이 살게 해 주는 대들보와 같다고 합니다. 몬스터의 이야기가 장차 코너가 살아갈 발판이자 새로운 질서가 된 것은 메이의 관점에서 보면 과거의 사람들이 삶의 근거로서 신화를 만들어 낸 것에 비교될 수 있습니다.

흔히 신화를 과학과 대비하며 과학이 발달하기 전 과거의 사람들만을 위한 것으로 생각하는 사람들이 있는데 이는 큰 착오입니다. 메이는 현대인의 머릿속에 박힌 '신화는 허구다!'라는 생각이 현대문화의 빈곤을 보여 주는 대표적인 증거라고 말합니다. 신화가 없는 오늘날의 사람들은 자신의 정체성을 찾지 못하고 방황합니다. 삶이 무의미하다고 여기고 허무함에 빠진 사람들은 자살을 시도하거나 그것에서 벗어나려고 정신분석이나 심리치료를 받습니다. 심한 때에는 약물에 중독되거나 사이비 종교를 찾기도 하고요. 때문에 메이는 과학이 아무리 발달해도 신화는 여전히 필요하다고 주장합니다. 또 제대로 정의된 과학과 제대로 이해한 신화 사이에는 아무런 갈등이 존재하지 않는다고 합니다. 수많은 현대 과학자가 신화를 거부하지 않는 것이 그것을 입증합니다.

메이는 의사소통 방법으로 합리적 언어와 신화 두 가지를 꼽습니다. 합리적 언어는 객관적 사실만을 말하지만, 신화는 우리가 겪는 삶의 모순을 통합하고 의식과 무의식, 역사와 현재, 개인과 사회를 하나로 만들어 준다고 합니다. 모순된 요소들이 하나로 묶여 신화와 같은 이야기가 만들어지면 합리적 언어로는 표현하지 못하는 인간 경험의 본질과 인생의 의미가 밝혀진다는 것입니다. 메이가 말하는 신화는 단군신화와 같은 건국신화나 그리스로마신화뿐만 아니라 오래도록 전승되어 오는 고전을 포함하여 현대의 인간상을 그리고 있는 영화와 문학들을 포함한 '이야기'입니다. 몬스터가 코너에게 들려주는 이야기 또한 코너에게는 자신의 정체성을 깨닫게 해 주는 신화와 같은 역할을 하는 것입니다.

현대인에게 신화가 필요한 이유는 그것이 우리 내면의 현실을 이끌어 내서 외부 세계의 더 큰 현실을 경험하게 하는 탐색 수단이기 때문입니다. 신화는 우리가 흔히 무시해 오던 것을 밝혀내고 새로운 현실을 밝혀 줍니다. 그런 점에서 신화는 현대인의 신경증적 죄책감과 과도한 불안을 완화하고 정체성을 찾도록 도와줄 수 있습니다. 코너가 몬스터의 이야기를 통해 무의식에 억눌린 감정을 발견하고, 엄마에 대한 죄책감 대신 엄마의 곁을 지키는 책임감을 발휘할 수 있듯 말입니다.

무의식이 들려주는 모순된 진실

몬스터에게 세 번째 이야기를 들은 이후 엄마의 상태는 더 악화됐습니다. 마지막으로 주목 나무에서 뽑아낸 신약을 사용해 보았지만 그마저도 소용이 없었습니다. 절망에 빠진 코너는 집 앞 언덕 위 주목 나무를 찾아가 분풀이를 합니다. 이때 몬스터가 등장해 코너가 네 번째 이야기를 말할 차례라며 또 다시 이야기 속으로 코너를 끌고 갑니다. 마지막 이야기는 코너가 꾸는 악몽의 진실을 코너 자신이 말하는 것입니다. 악몽에 등장한 진짜 몬스터는 구름과 시커먼 불꽃으로 만들어졌고 엄마를 산 채로 잡아먹으려 이빨을 번뜩이는 무시무시한 모습입니다. 코너는 진짜 몬스터로부터 엄마를 구하지 못하고 엄마의 손이 코너의 손에서 빠져나가는 순간을 직시해야 합니다. 이때 몬스터는 코너에게 진실을 말하라고 다그칩니다. 몬스터의 반복된 다그침 끝에 코너는 엄마가 손을 놓친 것이 아니라 자신이 엄마의 손을 놓았다는 진실을 외칩니다.

코너의 엄마는 병이 나을 거라고 말했지만, 오래전부터 엄마가 병을 이기지 못하리라는 것을 알았던 코너는 그 말을 믿지 않았습니다. 엄마의 투병 생활이 길어질수록 기다리기가 힘들어졌고 그러한 기다림이 자신을 외롭게 만드는 것을 견딜 수 없었습니다. 그래서 엄마를 잃더라도 현재의 이 고통이 그저 끝나기만을 바라는 마음이 생겼습니다. 손을 놓으면 엄마가 죽는다는 것을 알면서도 더 이상 견딜 수가 없어서 끝났으면 하는 마음이 든 것입니다. 그런 마음이 든 이후 벼랑에서 엄마의 손을 놓는 악몽을 반복해서 꾼 코너는 엄마가 죽는 것이 자신의 잘못 때문이라고 생각하고 죄책감에 괴로워했던 것입니다.

몬스터는 엄마의 죽음이 코너 탓이 아니라고 말해 줍니다. 코너는 현재의 고통이 끝나기를 바란 것일 뿐이고, 고통 때문에 겪는 소외감을 끝내고 싶은 것은 지극히 인간적인 바람이라고 위로해 줍니다. 그러한 바람은 진심이기도 하고 진심이 아니기도 한 것이라고 말입니다. 몬스터가 들려준 이야기의 인물은 선과 악으로 구분되지 않고, 선하면서 악하기도 하고 강하면서 약하기도 하듯이 사람이 얼마나 복잡한 존재인지를 말해 줍니다.

이처럼 몬스터는 코너의 마음속 모순들을 꿰뚫어 보면서 진실을 말하게 함으로써 코너가 스스로를 치유하도록 돕습니다. 몬스터는 코너의 무의식에 숨은 그림자인 동시에 그 그림자를 걷어 내기 위한 빛인 셈입니다. 몬스터는 코너에게 마음속 모순된 생각들을 뛰어넘어 코너가 무엇을 생각하느냐보다 무엇을 행하느냐가 중요하다고 일러 줍니다. 코너가 꿈속에서 벼랑 끝에 매달린 엄마 손을 끝까지 붙잡고 싶은 마음과 견딜 수 없어 놓고 싶은 마음이 동시에 든 것은 무의식이 들려준 모순된 진실입니다. 그러나 모순된 마음 때문에 죄책감에 시달릴 필요가 있을까요? 그것은 코너뿐만 아니라, 가족 중에 아픈 사람이 있어서 오랜 투병 생활을 함께하는 간병인 가족도 마찬가지 아닐까요?

우리의 무의식에 어떤 모순들이 떠오르건, 중요한 것은 책임 있는 행동을 실제로 하는 것입니다. 엄마의 마지막 순간을 지키게 된 코너는 엄마 손을 꼭 붙들며 마지막이자 완전한 진실을 말합니다.

"엄마를 보내기 싫어요!"

무의식에서는 엄마 손을 놓고 싶은 모순된 바람도 있었지만 진실은 이렇게 명백합니다. 엄마와의 마지막 순간에 이르러 엄마가 더는 버틸 수 없다는 점이 사실이고, 엄마를 보내기 싫은 마음이 코너의 진실입니다. 진실을 말함으로써 마침내 코너는 엄마를 편안하게 보낼 수 있게 됩니다.

죽음의 과정을 연구한 엘리자베스 퀴블러 로스는 이 세상이 하나의 학교라면 상실과 이별은 이 학교의 주요 과목이라면서 그것이 꼭 인생의 손해만은 아니라고 합니다. 상실과 이별을 경험하면서 우리는 필요한 시기에 우리를 보살펴 주는 사랑하는 이들을 만나고, 전혀 알지 못하는 사람들의 손길을 자각하기도 하고, 새로이 관계 맺는 사람들의 사랑을 이끌어 내기도 합니다. 상실과 이별은 분명 우리 가슴에 커다란 구멍을 남기지만 새로운 사랑을 맞이할 공간을 열어 주기도 합니다.

처음에 코너는 까칠하고 엄격한 할머니를 좋아하지 않았습니다. 할머니도 코너와 자신이 잘 맞지 않는다는 것을 알고 있습니다. 그러나 한 가지 확실한 것은 엄마가 할머니에게 가장 소중한 딸이라는 사실입니다. 세상을 떠난 엄마가 할머니와 코너를 연결해 주고 있는 것입니다. 이제 코너는 비로소 할머니를 받아들일 고리를 찾은 셈입니다. 엄마가 떠난 빈자리에는 엄마의 엄마인 할머니의 자리가 새로 마련될 것입니다. 상실과 이별의 서러움은 오래 남겠지만 코너는 엄마를 사랑하는 마음으로 새로운 삶을 맞이해야 합니다. 그것이 바로 엄마의 바람일 것입니다.

소중한 사람과 이별하는 슬픔은 사랑으로밖에 거둘 수 없습니다. 소중한 사람을 잃었다고 모든 것을 놓아 버리면 그것은 그의 바람마저 저버리는 것일지도 모릅니다. 소중한 사람의 바람을 지켜 주는 일, 그것이 바로 죄책감을 내려놓고 이별을 맞이할 수 있는 용기입니다.

인간은 전염병의 공포를 이겨 낼 수 있을까?

《페스트》

전염병의 공포는 과거의 유물이 아닙니다. 오늘날 우리는 과학기술의 발달로 그 어느 때보다 풍족하고 편리한 생활을 누리지만, 동시에 코로나19 바이러스에 대한 공포는 인류 역사상 그 어느 때보다 광범위하게 전 세계를 휩쓸고 있습니다. 전염병의 공포가 이전보다 더 심각해진 이유는 교통수단의 발달로 더 빠르게 확산되고, 통신 매체의 발달로 바이러스의 전파 정보를 더 신속하고 생생하게 접할 수 있기 때문입니다. 전염병에 의한 죽음이 일반 질병에 의한 죽음과 다른 이유는 그것이 한 개인의 문제가 아니라 당사자가 속한 집단, 국가, 대륙, 세계에 사는 모든 이의 생명이 달린 심각한 문제이기 때문입니다. 그렇다 보니 죽음의 공포 역시 상상할 수 없을 만큼 거대하고 치명적입니다.

전염병의 세계적 대유행을 뜻하는 팬데믹pandemic: pan(모두)+demic (사람)이란 말의 어원에서도 그 공포감의 규모가 드러납니다. 단지 공포감의 문제만은 아닙니다. 전염병이 발생하면 사회는 모든 사람을 잠재적 보균자로 가정하고 만남을 단절합니다. 서로가 서로를 경계하고 의심하고 가까이 다가오는 것을 꺼리게 되니 심리적으로 외로울 수밖에 없습니다. 그러다 누군가 감염이 확인되면 '확진자 X번'의 꼬리표를 달고 가족의 간호는커녕 엄격한 '격리의 대상'이 되고, 전파의 우려와 함께 '전파자'라는 죄책감을 떠안은 채 일상생활을 포기해야 합니다.

전염병에 의한 죽음은 보통의 죽음과도 큰 차이가 있습니다. 보통의 죽음은 가족과 지인들이 장례를 치른 뒤 애도의 시간을 갖지만, 전염병으로 인한 사망자는 감염될 가능성이 있다는 이유로 정부 주도하에 서둘러 화장한 뒤 가족들에게 인계되니 고인을 추모하고 애도할 기회가 주어지지 못합니다. 이처럼 전염병은 인간을 하나의 병균 덩어리로 여기고 신속하게 '처리'할 대상으로 여기게 만드는 무서운 존재입니다. 인간성을 파괴하고 존엄성을 박탈하지요. 세상에는 성별, 인종, 신분 차별 등 수많은 부조리가 있지만, 인류와 늘 함께했고 때로는 갑자기 불쑥 나타나 인간에게 좌절과 고통을 안겨 주다가 다시 숨는 전염병이야말로 '악'이라 부를 만한 부조리라 하겠습니다.

알베르 카뮈 Albert Camus, 1913-1960의 《페스트》는 전염병이 퍼진 도시의 공포 그리고 생존을 위한 투쟁을 그린 연대기입니다. 어느 날 느닷없이 페스트가 퍼져 도시가 봉쇄되고 끊임없이 사망자가 늘어나는 상황에서 살기 위해 분투하는 다양한 인물들의 행적이 담겨 있습니다. 작품의 장면들은 코로나19 바이러스로 혼돈의 시대를 경험한 우리에게는 전혀 낯설지 않습니다. 《페스트》는 지금 여기 이 순간의 문제로 인간에게 고통과 좌절을 주는 전염병에 어떻게 맞서야 하는지, 그런 반항이 어떤 의미인지를 되짚어 보게 합니다.

전부 아니면 전무, 부조리한 고통

《페스트》는 오랑이라는 도시를 배경으로 의사 리외가 서술한 연대기입니다. 병에 걸리면 온몸이 까맣게 변하고 죽는다고 해서 '흑사병'이라 불리며 중세를 공포에 떨게 했던 페스트가 어느 날 느닷없이 유행하는 것이 사건의 발단입니다. 오랑의 시민들은 죽은 쥐들이 거리를 나뒹구는 예사롭지 않은 현상을 처음에는 대단치 않은 것으로 무시하고 어제와 다름없이 생활했습니다. 그러다 갑자기 사망자가 발생하고 그 수가 증가하자, 정부는 허둥지둥 전염병의 확산을 인정하고 도시를 봉쇄합니다. 페스트는 도시를 구획 별로 나누고 유증상자와 무증상자를 격리한 뒤 서로가 서로를 경계하도록 하여 도시의 사람 모두에게 이별과 분리를 경험하게 합니다.

《페스트》는 위기에 처한 사람들을 적극적으로 돕는 의사 리외의 관점에서 젊은 여행객 타루와 파눌루 신부, 파리에서 파견 나왔다가 발이 묶인 기자 랑베르, 시청의 임시직원 그랑 등에 초점을 맞추고 있습니다. 리외는 이 세상에 지쳐 있음에도 불구하고 인간에 대한 동정과 연민을 느끼며, 그들이 겪는 불의와 부당한 운명에 타협하지 않는 인물입니다. 그에게 가장 큰 도움을 주는 인물은 타루입니다. 타루는 오랑으로 여행을 왔다가 시민들을 위해 위험을 감수하고 자원 보건대를 조직하여 페스트 퇴치에 헌신하는 인물입니다. 타루는 처음에는 정체를 드러내지 않았지만, 리외와 친해지자 자신이 청소년일 때 검사이던 아버지가 법정에서 사형 선고를 내리는 것을 참관하고 사회가 저지르는 살인에 반항심이 생겨 집을 나와 사형제도에 반대하는 정치 활동을 하고 있다는 것을 털어놓습니다. 또 사형처럼 죽음을 초래하는 행위나 원칙을 선인 양 인정하는 사회, 그리고 권위를 상징하는 법복을 입고 사형을 선고하는 사람들이 페스트와 같은 존재라고 생각합니다. 리외와 타루는 끊임없이 밀려드는 환자들을 돌보며 육체적으로 매우 힘들어 하지만 가슴으로는 깊은 형제애와 동질감을 느낍니다.

파눌루 신부는 페스트가 단순한 전염병이 아니라 사람들이 저지른 죄악 때문에 생겨난 것이며, 그 고통을 통해 죄악에서 사람들을 구원하여 영생에 이르게 하려는 하느님의 자비라고 설교하는 인물입니다. 때문에 설령 원치 않는 죽음이라도 신이 원한다면 받아들여야 한다고 말합니다. 그리스도인은 가장 잔인한 시련에서도 신의 뜻을 배워야 하기 때문입니다.

> 신은 오늘날 스스로 창조하신 인간에게 은총을 베풀어 우리가 부득불
> '전부 아니면 전무All or nothing'라는 가장 위대한 덕을 다시 찾아서 실천
> 해야 할 만큼 큰 불행 속에 우리를 빠뜨려 놓았다.

이것이 그의 주장입니다. 그는 이해할 수 없더라도 신의 의지라면 그리스도인은 그것을 감수하고 복종해야 하므로 신을 사랑하는 것은 힘든 사랑이라고 합니다. '전부 아니면 전무'라는 것은 신을 혐오하거나 사랑하든가 둘 중 하나라는 뜻이고, 그리스도인이라면 신을 사랑해야 한다는 데에는 변함이 없었습니다.

그런데 우리가 저지른 죄 때문에 페스트가 생겨난 것이라면 한 번도 죄짓지 않은 어린아이의 죽음은 어떻게 설명할까요? 파눌루 신부 역시 이 경우에는 아이가 저지른 죄 때문이라고는 설명하지 않습니다. 실제로 어린아이의 죽음 이후 파눌루 신부의 행동에는 조금의 변화가 있었습니다. 우리가 신을 사랑한다고 해서 무기력

하게 죽음을 받아들이기만 할 것이 아니라 가능한 한 능동적으로 대처해야 한다는 것입니다. 그래서 파눌루 신부는 리외와 타루가 운영하는 자원 보건대에 합류해 환자를 적극적으로 돌봅니다. 그러나 정작 자신이 감염되자 신의 의지를 따르겠다며 치료를 거부하고 기꺼이 죽음을 맞습니다.

오늘날 우리는 전염병이 확산되는 가운데서도 일부 교회들이 예배활동과 선교활동을 멈추지 않는 것을 확인했습니다. 특정 신앙대로라면 현실의 고통은 중요하지 않을지도 모릅니다. 그러나 내세의 희망만을 기대하고 행하는 행동은 납득될 수 없습니다. 신앙이라는 이름으로 한 행동이 전염병을 방치하거나 확산 고리를 양산하여 사회 전체를 더 암울하게 한다면 그것은 특정 신앙의 독선이 아닐까 생각합니다. 부조리한 고통을 신의 섭리로 이해하는 것과 그것을 방치하여 다른 사람들까지 고통에 빠뜨리는 것은 서로 다른 문제입니다. 신앙인으로서 신의 뜻을 따르는 것과 사회 구성원으로서 방역에 책임을 지고 협조하는 것에는 분명 우선 순위가 있어야 합니다. 개인적으로는 신앙이 우선할 수 있지만, 사회 전체로 보았을 때는 개인의 신앙보다 사회의 책임이 먼저여야 할 것입니다. 파눌루 신부가 자원 보건대에 참여하여 적극적으로 활동한 것은 바로 그러한 깨달음에 따른 결정입니다. 병에 걸린 그가 치료를 거부하고 자신의 죽음을 신의 뜻으로 이해한 것에 대해서는 개인이 충분히 선택할 수 있는 신앙의 문제라고 생각합니다.

이러한 순종적인 태도의 파눌루와 극명하게 대립하는 이들로는 리외와 타루가 있습니다. 이들의 입장에서는 생명을 위협하는 페스트를 신의 자비로 볼 수 있는 여지가 없기 때문입니다. 죄 없는 어린아이에게까지 참혹한 고통을 주는 신을 거부하는 것입니다. 페스트로 비참하게 고통받는 것을 직접 목격하면 결코 페스트를 용인할 수 없으며, 만약 용인하는 사람이 있다면 미친 사람이거나 눈먼 사람이거나 비겁한 사람일 거라고 그들은 말합니다. 리외와 타르는 페스트를 통해 신의 뜻을 헤아리기보다 죽음과 맞서 싸우는 것이 우선이라고 생각합니다. 그래서 인간에게 죽음과 고통을 주는 것들을 악으로 규정하고 그에 맞서 싸우는 반항을 선택합니다. 중요한 점은 인간의 생명을 지키고 서로 사랑하는 것, 이를 위해 함께 일하는 것입니다. 악과의 싸움에서 반드시 이길 수 없다고 해도 인간이 서로를 지켜 주며 보호해 주는 것 자체가 뜻깊은 일이라고 생각합니다. 이들은 구원을 약속하는 신도 전능한 신도 요청하지 않습니다. 그것이 끝내 패배할 수밖에 없는 싸움이라 하더라도 그저 부조리한 고통에 맞설 뿐입니다.

한편 페스트로 이익을 본 사람도 있습니다. 자살을 시도했다가 그랑이 발견한 덕에 목숨을 건진 코타르입니다. 살인죄로 수배 중이었던 그는 페스트로 도시가 혼란한 틈을 타 경찰을 따돌리고, 식료품을 비싼 가격에 팔아 큰돈을 벌었습니다. 코타르는 자원 보건대에서 함께 일하자는 그랑의 제안도 거절합니다. 그는 시민들을 위해 페스트와 싸우는 것은 자신의 일이 아니라고 생각하고, 페스트를 이용해 이익을 챙길 궁리만 하는 이기적인 인물입니다.

카뮈는 코타르의 병폐적 모습이 페스트와 다름없다고 비판합니다. 팬데믹이 선언된 오늘날에도 어려운 사람을 돕기보다 자산을 늘리고 권력을 유지하려는 사람들이 있습니다. 실제로 팬데믹 기간 동안 파산한 사람도 늘어났지만, 자산이 증가한 사람도 많습니다. 우리 사회는 그들을 비난하지 않습니다. 대부분의 사람은 그들을, 위기를 기회로 여긴 능력 있는 사람이라며 부러워하고 그 기회를 자신이 놓친 것에 안타까워합니다. 이는 우리 사회의 비인간화 정도를 보여 주는 일면이기도 합니다.

이 작품에서 페스트는 신종플루나 메르스, 코로나19 바이러스와 같은 구체적인 특정 질병을 말하는 것은 아닙니다. 페스트는 인간이 겪는 부조리한 고통과 악을 은유적으로 표현한 것입니다. 그것은 오늘날 우리가 겪는 전염병, 전쟁, 재난, 경제 공황과 같은 것으로 대체될 수 있습니다. 이 작품에서 부조리한 고통과 악에 대면하는 방법으로 두 가지가 제시되어 있습니다. 파눌루 신부처럼 현실 너머 신의 뜻을 헤아리며 순종하거나 리외와 타루처럼 주변 사람들과 함께 자원 보건대를 조직하여 한 명이라도 더 살리고자 투쟁하고 반항하는 것입니다.

이길 수 없는 악에 대항한다는 것

악에 대항해 반항한다고 해서 언제나 악을 이길 수 있는 것은 아닙니다. 소설의 결말에 이르면 페스트가 기세를 누그러뜨리고 사라질 즈음에 타루가 페스트에 감염되어 죽고 맙니다. 뿐만 아니라 그동안 도시 밖에서 요양 중이던 리외의 아내도 사망했다는 소식이 전해집니다. 페스트가 물러나더라도 인간의 투쟁과 반항이 반드시 승리했다고 볼 수 없는 이유입니다. 이처럼 인간은 부조리한 고통과의 싸움에서 패배할 수밖에 없는 운명입니다. 그렇다면 이러한 싸움에서 우리는 무엇을 추구하며 어떤 자세로 대항해야 할까요?

끈질기게 이어지는 페스트와의 싸움은 사람을 지치게 합니다. 페스트 발생 초기에는 사람들도 이별한 사람을 뚜렷이 기억하고 그리워했지만, 상황이 나아지지 않은 채 시간이 갈수록 이별한 사람들이 무엇을 하고 있을지 상상하는 것이 어려워지고, 사랑하는 사람에 대한 기억마저 희미해집니다. 이별의 기간이 길어지자 이전에 품었던 친밀감은 모두 망각되고, 언제라도 손을 얹을 수 있었던 한 존재가 언제 가까이 있었는지조차 상상하지 못하게 됩니다.

사람들은 적응 이외에는 특별히 할 수 있는 것이 없다 보니 불행을 습관으로 받아들여 마침내는 무심한 상태가 됩니다. 눈빛은 권태로워지고 생기라고는 전혀 없는 태도로 일을 하며 과거도 미래도 없이, 기억도 희망도 없이, 모든 것을 현재에 맞춰 살아갑니다. 페스트는 목숨뿐만 아니라 모든 사람에게서 사랑을 나눌 힘과 우정을 나눌 힘을 앗아가 버린 것입니다. 이런 무감각의 상태에 빠져들다가 갑자기 깨어나 고통스러운 감수성을 되찾기도 하지만, 현실이 바뀌지 않았다는 점을 깨닫고는 다시 무기력 상태로 돌아갑니다. 뉴스 기사나 방송을 보며 허황된 희망을 품거나 근거 없는 공포에 젖은 채 페스트라는 틀에 맞춰 타성적으로 살아갑니다. 이러한 무감각의 상태가 무엇인지 오늘날 우리는 명확히 알고 있습니다. 크든 작든 누구나 이러한 경험을 겪어 보았기 때문입니다.

반면 이러한 무감각한 상태에서 벗어나려고 노력하며 조금이라도 더 인간적인 것을 찾으려는 인물들이 있습니다. 리외, 타루, 랑베르, 그랑은 하루도 빠지지 않고 자원 보건대에서 끊임없이 일하면서도 우정과 사랑을 이어 나갔습니다. 파리의 신문사에서 출장온 기자 랑베르는 처음에는 오랑과 아무런 관련이 없는 자신이 이곳에 남겨진 것을 부당하게 생각하며 어떤 방법으로든 오랑을 빠져나가 사랑하는 연인 곁으로 갈 궁리만 했습니다. 그러나 나중에는 그런 기회가 생겼는데도 탈출을 단념하고 자원 보건대에 합류합니다. 사랑하는 일이 최선이라는 생각에는 변함없지만, 혼자만 행복하다면 부끄러운 일이라고 느낀 것입니다. 처음 랑베르는 이 도시에 일어난 일이 자신과 무관하다고 생각했지만, 시간이 갈수록 점차 페스트가 자신과 무관한 것이 아니라 도시에 있는 사람 모두에게 관련된 공동의 적임을 깨닫고 모두가 겪는 불행에 자신도 함께 대항해야 한다고 생각한 것입니다.

그렇다고 작가는 페스트에 대항하는 자원 보건대의 활동을 영웅의 행동처럼 묘사하지 않습니다. 자원 보건대의 활약이 매스컴에서 떠들썩하게 보도되자 리외는 즉각 이를 경계하는데, 아무리 훌륭한 행동이라도 너무 지나친 중요성을 부여하면 선의도 악의와 마찬가지로 사람들에게 피해를 주는 무서운 결과를 가져올 수 있다고 생각했기 때문입니다. 작가는 지나치게 소란을 피워서는 안 된다고 말하면서도, 그럼에도 불구하고 영웅을 하나 꼽아야 한다면 그것은 약간의 선량한 마음 외에는 아무것도 가지지 못한 그랑이라고 합니다.

시청의 임시 직원 그랑은 오래전 아내와 헤어지고 홀로 근근이 살아가면서도 언젠가는 헤어진 아내에게 감동적인 편지 한 통을 보내려고 매일 단어를 다듬는 인물입니다. 그는 낮에는 시에서 일하고 저녁에는 자원 보건대에서 사망자 숫자와 필요한 물자 이동과 같은 통계 수치를 꼼꼼히 정리하는 일을 합니다. 그랑은 리외처럼 전문적인 지식을 가지고 사람들을 치료하거나 타루처럼 사형 제도를 반대하며 생명의 가치를 외치거나 파눌루 신부처럼 영적 구원을 지도하는 특별한 인물은 아닙니다. 오히려 그랑은, 중세 페르시아의 한 도시에서 페스트에 걸려 사망한 사람의 몸을 씻는 일을 하면서 그 자신은 페스트를 이겨 낸 사람처럼, 자기 일을 묵묵히 하는 평범한 이웃입니다.

하지만 페스트를 겪으면서 그랑에게는 큰 변화가 있었습니다. 고독한 '나'에서 페스트에 함께 대항하는 '우리'로 변화했으며, 페스트라는 악에 대항해 끊임없이 싸우며 '완수해야 할 그 무엇'을 확신하고 '희망'을 포기하지 않으며, 다시 투쟁할 준비, 다시 사랑할 희망을 끊임없이 품는 인물로 성장했습니다. 그랑은 페스트에 걸려 죽음의 문턱까지 도달했지만, 페스트를 이겨 내고 나서는 이전보다 더 큰 삶의 희망을 가지게 되었습니다. 작가 알베르 카뮈는 그랑을 통해 희망이야말로 인간이 보여 줄 수 있는 최대의 선의라고 말합니다.

팬데믹이 선언된 오늘날에도 영웅이라고 불리는 인물들이 나타났습니다. 그러나 과도한 언론의 관심을 받다가 한순간에 사라지는 이가 있는가 하면, 관심의 대상이 되기에는 너무나 사소한 일만 묵묵히 해내는 이들도 있습니다. 두드러지지 않아서 모를 뿐, 그런 진정한 영웅들이 도처에서 자신의 직분에 맞는 일을 성실히 하는 덕분에 많은 사람이 희망을 잃지 않고 팬데믹의 상황을 견디며 살아갈 수 있는 것이 아닐까요?

시지프스는 결코 행복할 수 없을까?

특별한 이유 없이 페스트가 발병했듯이, 어느 날 페스트균의 전염 속도가 우연히 떨어지며 축포가 터지고 기쁨의 환성으로 가득한 날이 찾아옵니다. 그러나 의사인 리외는 페스트와의 싸움에서 완전히 승리했다고 생각하지 않습니다. 그는 "페스트균은 결코 죽거나 소멸되지 않으며, 수십 년 동안 어딘가에 잠복해 있다가 인간들에게 불행을 주기 위해 쥐들을 다시 깨우고, 그 쥐들을 어느 행복한 도시로 보내 죽게 할 날이 오리라는 사실"을 알고 있기 때문입니다. 생명을 위협하는 페스트와 같이 우리에게 고통을 주는 악이 언제 어디서 어떻게 변이를 일으켜 다시 등장할지 모르는 일입니다. 이것이 바로 인간의 부조리한 운명입니다. 카뮈는 인간의 부조리한 운명에 대한 자신의 철학을 **시지프스의 형벌**에 빗대어 펼칩니다.

　매일 매일 똑같은 일을 하며 나아질 것을 기대하지만 아무리 해도 더 나아질 것이 없는 노동자의 삶도 시지프스와 마찬가지입니다. 그런데 사실 부질없는 노력을 끊임없이 해야 하는 것은 노동자뿐만이 아닙니다. 학업, 노동, 연애, 가족 돌봄, 투병 등 인생사가 사실은 시지프스의 노고와 다르지 않습니다. 이루고자 하는 바를 위해 계속 애쓰다가 한때의 성취를 맛보고 뒤이어 또 다른 고비를 맞이하고 다시 애써 보기를 무한 반복하는 것이 인생입니다. 그러한 반복이 멈추는 순간은 오직 죽음이 찾아왔을 때가 아닌가 싶습니다. 그런데 죽음으로만 비로소 그 형벌에서 벗어날 수 있으니

시지프스의 형벌

고대 그리스 신화에서 시지프스는 무거운 바위를 산꼭대기까지 굴려서 올려야 하는 형벌을 받는다. 그런데 이 바위는 그 자체의 무게 때문에 산꼭대기에 올라가면 다시 아래로 굴러떨어진다. 시지프스는 거대한 돌을 들어 산비탈로 굴려 올리느라 잔뜩 긴장해 있다. "바위에 밀착한 뺨, 진흙에 덮인 돌덩어리를 떠받치는 어깨와 그것을 고여 버티는 한쪽 다리, 돌을 되받아 안은 팔 끝, 흙투성이가 된 두 손"으로 끊임없이 바위를 산꼭대기까지 굴리지만 정상에 도착하면 산 아래로 굴러떨어지고, 그러면 처음부터 다시 바위를 산꼭대기까지 다시 끌어 올려야 한다. 끊임없는 노고와 끊임없는 패배의 연속, 이것이 바로 신들이 시지프스에게 내린 '희망 없는 노동'이라는 끔찍한 형벌이다.

인간의 운명은 패배할 수밖에 없는 투쟁의 연속이 아닐까요? 어차피 패배할 것이 분명한 투쟁이라면 투쟁 자체를 포기하고 차라리 죽는 편이 낫지 않을까요? 패배가 확실한 싸움에서 끝까지 싸우는 것이 과연 무슨 의미가 있을까요?

카뮈는 바위가 굴러떨어질 것을 알고도 묵묵히 다시 바위를 굴려 올리는 시지프스를 '부조리한 영웅'이라고 합니다. 그가 주목하는 것은 산꼭대기에서 되돌아 내려올 때, 잠깐 멈춘 순간입니다.

무겁지만 한결같은 걸음걸이로, 아무리 해도 끝장을 볼 수 없을 고뇌를 향해 다시 걸어 내려오는 순간.

시지프스는 자신의 부조리한 운명을 응시하며 자신의 비극을 의식함과 동시에 자신의 부조리한 형벌을 경멸하면서도 다시 바위를 향해 나아갑니다. 한 걸음 한 걸음 옮길 때마다 시지프스는 성공의 희망이 자신을 떠받칠 때 더 이상 고통스럽지 않을 수 있다고 합니다. 시지프스가 산을 내려올 때 기쁨 속에서 내려올 수 있는 반전이 가능한 것입니다. 이 반전의 순간 시지프스는 자신에 의해 창조되고 자신의 기억 속에서 통일되고 머지않아 죽음에 의해 끝장날 부조리한 운명을 그 자신의 것으로 만들어 버립니다. 이런 시지프스를 두고 카뮈는 고귀한 성실성으로 자신의 운명보다 우월하고 그의 바위보다 더 강하게 된 행복한 자라고 일컫습니다.

이러한 모습을 우리는 그랑에게서 찾을 수 있습니다. 그랑은 자신의 일을 하찮게 여기지 않았습니다. 끝없이 해야 하는 것에도 불평하지 않았습니다. 묵묵히 자신의 소임을 다하다 죽음의 위기를 겪었지만 다시 희망하기를 멈추지 않았습니다. 부조리한 운명에 맞서 반항했기에 오히려 이전보다 더 강해질 수 있었습니다. 바로 이런 모습이 행복한 시지프스이자 부조리한 영웅인 것입니다.

카뮈가 그리는 부조리한 운명에 반항하는 부조리한 영웅은 역사를 바꾸는 혁명적 사상가가 아닙니다. 삶을 사랑하고 우정을 소중히 여기면서 함께 연대하며 고통을 줄이고자 최대한 노력할 뿐입니다. 부조리한 운명에 반항함으로써 우리가 얻을 수 있는 것은 죽음을 피하거나 고통을 피하는 일이 아닙니다.

타루는 희망을 잃지 않고 묵묵하게 자신의 일을 성실히 행하면서 부조리한 악과 싸웠지만 결국은 죽음을 피할 수 없었습니다. 리외는 아내를 잃었습니다. 그러나 그들의 죽음이 모든 것을 빼앗아 가지는 못했습니다. 오히려 얻은 것이 있습니다. "페스트를 겪었고 페스트에 대한 추억을 가졌다는 것, 우정을 경험했고, 우정에 대한 추억을 가졌다는 것, 애정을 알게 되고 언젠가는 애정에 대한 추억을 갖게 되리라는 것"입니다. 리외는 "페스트 그리고 삶과의 싸움에서 인간이 얻을 수 있는 것은 인식과 기억"이라고 합니다.

부조리한 운명을 지닌 우리에게 패배는 무엇일까요? 그것은 죽음이 아니라 불안과 공포로 인간성을 잃고 다른 사람에 대해 무감각해지는 것이 아닐까요? 부조리한 악에 맞서 인간다움을 잃지 않고 성실히 자신의 할 바를 다하며 희망을 잃지 않는 것, 그래서 우정과 사랑에 대한 인식과 추억을 간직하는 것이 부조리한 운명을 타고난 우리가 이룰 수 있는 최대의 승리가 아닐까 싶습니다.

오늘날 우리 역시 페스트와 다름없는 코로나19라는 부조리한 고통을 겪으며 함께 힘을 모아 싸우고 있습니다. 이 싸움에서 우리는 혼자가 아니라는 것, 그 무엇도 우리의 희망을 앗아갈 수 없다는 것, 최후에는 서로에 대한 소중한 기억이 남는다는 것이 위로가 됩니다. 살아가면서 우리는 무수히 많은 싸움을 하게 될 것입니다. 그때 필요한 것은 우리 자신이 어떤 싸움을 하는지, 그 싸움의 의미는 무엇이고 누구와 함께하는지, 최후에 간직하게 될 기억이 무엇인지를 의식하는 것입니다. 아무리 부조리하고 고통스러운 싸움이라도 두려움을 이겨 낼 비결입니다.

나의 죽음에 대해 생각해 본 적이 있나?
|
《이반 일리치의 죽음》

자기 자신의 죽음을 떠올릴 때는 무엇이 가장 걱정되나요? 고대 그리스 철학자 에피쿠로스는 "우리가 있을 때는 죽음이 없고, 죽음이 오면 우리는 우리 자신이기를 그친다"라면서 죽음에 대해 두려워할 것이 없다고 말했지만, 이는 선뜻 동의하기 어려운 주장입니다. 죽음이 우리를 거두어 가기 전까지 당하는 육체적 고통을 고려하지 않은 말이기 때문입니다. 그밖에도 남은 가족에 대한 걱정, 인생에 대한 후회로 생긴 심리적 고통도 있을 겁니다.

심리적 고통이든 육체적 고통이든 죽음은 극심한 고통을 몰고 오는 것이 현실입니다. 평소 건강하게 살다가 한순간 갑자기 죽음을 맞는다면, 죽음을 두려워할 겨를이 없는 돌연사라면 에피쿠로스의 말이 어느 정도 통할 수 있습니다. 그러나 그렇다고 해도 죽은 뒤에 남을 가족들을 생각하면 나의 죽음을 미리 걱정하지 않을 수 없습니다. 그러니 갑작스러운 죽음이든 예정된 죽음이든 죽음을 걱정하고 두려워하는 것은 피할 수 없습니다.

쾌락주의자였던 에피쿠로스이지만 그가 말하는 쾌락은 방탕이나 육체적 쾌락이 아닙니다. 그가 추구한 쾌락은 몸의 고통이나 마음의 혼란으로부터 벗어나는 쾌락으로, 공허한 추측을 몰아내고 온전한 정신으로 사려 깊게 생각해서 얻는 마음의 평정을 의미합니다. 그는 죽음이 불러오는 공허한 추측을 경계합니다. 그래서 "죽음에 대한 공포는 악이며 그 공포에서 벗어나는 것이 진정한 쾌락"이라고 합니다.

죽음의 공포에서 벗어나는 것을 '쾌'로 보는 것에는 동의할 수 있습니다. 그러나 죽음에 대한 공포가 '악'이라고 한 것에 대해서는 의문이 남습니다. '불쾌'라고 한다면 모를까 '악'이라고까지 봐야 할까요? 오히려 죽음에 대한 공포는 인간에게 자연스러운 현상이 아닐까요? 우리의 배설물이 불쾌한 것이긴 하지만 자연스러운 것일 뿐, 악한 것이 아니듯 말입니다. 마찬가지로 죽음의 공포 역시 불쾌하지만 누구에게나 자연스러운 것이고 그것을 어떻게 받아들이느냐에 따라 우리에게 이롭고 좋은 것일 수 있습니다.

다른 누구의 죽음이 아니라 나 자신의 죽음 앞에서 공포에 떨지 않기란 쉽지 않을 것입니다. 가까운 사람이 죽어 가는 과정을 지켜보는 것도 힘든 일인데 다른 누군가가 아니라 바로 나 자신이 죽어가면서 끔찍한 육체적 고통까지 뒤따른다면 참으로 괴로운 일이 아닐 수 없습니다. 과연 어떻게 하면 죽음에 이르는 일련의 고통에 대한 두려움과 공포를 넘어설 수 있을까요?

이것은 돈을 많이 벌고 명성을 쌓는 것과는 상관없는 일입니다.

끔찍한 고통을 겪으며 죽어 가는 사람에게 그동안 쌓은 부와 명성이 아무 소용이 없음은 분명합니다. 남들이 누리지 못하는 최고 수준의 치료를 받을 수는 있어도 죽음 자체를 막을 수는 없습니다. 오히려 남보다 많은 것을 누리고 더 높은 위치에 있는 사람들, 자신만만하게 성공적인 삶을 살았다고 자부하는 사람들은 자신에게 닥친 죽음이라는 불운과 고통을 그렇지 않은 사람보다 더 받아들이기가 어려울지도 모르겠습니다. 지금까지 모든 것이 순탄하게 잘 풀리는 삶을 살아왔기 때문에 갑자기 겪는 고통과 좌절에 익숙하지 않을 테니까요. 이렇게 높은 사회적 지위와 많은 돈을 가진 사람도 죽음 앞에서 공포를 느끼기는 마찬가지입니다.

이제 남은 문제는 피할 수 없는 나의 죽음을 어떻게 잘 맞이하느냐입니다. 누구도 나의 죽음을 대신할 수 없다는 점에서 죽음은 혼자 맞이하는 것이지만 가족들과 친구들이 곁에 있으면 죽음의 공포와 고통이 덜어지리라는 생각이 일반적입니다. 그러나 가족과 친구라고 다 도움이 되는 것은 아닙니다. 그동안 그들과 어떤 관계를 맺어왔느냐에 따라 힘이 되기도 하고 그렇지 않기도 하니까요. 사실 우리는 어려운 처지에 놓이기 전까지는 자신을 지지해 주는 진짜 친구와 그렇지 않은 친구를 구별하지 못합니다. 좋을 때, 잘나갈 때는 누구나 잘 대해 주기 때문입니다. '어려울 때 친구가 진짜 친구'라는 말처럼 되돌릴 수 없이 심각한 위기에 처한 뒤에야 자신에게 진심으로 대한 사람과 그렇지 않은 사람을 가려낼 수 있습니다. 그런 점에서 죽음은 진실을 드러내는 확실한 심판대이기도 합니다.

그뿐만 아닙니다. 죽음 앞에서는 자신도 몰랐던 자기 삶의 진실을 볼 수 있습니다. 지금까지의 삶이 스스로에게 얼마나 진실되었는지, 누구에게 내가 진심을 다했는지를 알 수 있게 됩니다. 죽음 앞에서 드러날 진실은 죽음의 두려움과 고통을 더해 줄 수도, 덜어 줄 수도 있다고 생각합니다. 진심으로 후회 없는 삶을 살아왔다면 자신의 일생을 마무리하는 것에 두려움이나 고통은 덜할 테고 반대로 겉으로만 그럴 듯하게 남들 사는 대로 떠밀리듯이 살아왔다면 자신의 삶이 아니라 빈껍데기를 붙들고 있었다는 자책에 고통이 더할 것입니다. 죽음 앞에서 드러나는 자기의 진실이란 무엇일까요? 톨스토이는 《이반 일리치의 죽음》에서 그러한 진실에 대해 들려줍니다.

'비본래적 실존'으로 살아가는 것

이반 일리치는 갑작스러운 병으로 고통받기 전까지 자신의 삶에 만족하며 살아왔습니다. 우수한 성적으로 법학대학을 졸업한 뒤 법관이 됐고 밝고 사교적인 성격으로 평판이 좋았습니다. 그는 일할 때는 조심스럽고 엄격했고, 사교 모임에서는 멋진 차림에 유머 감각이 있으면서도 너그럽고 예의 바르게 행동했습니다. 그는 특히 자신의 의무라고 생각하는 일에 대해서만큼은 철저히 책임을 다했는데, 그 '의무'라고 여기는 일들은 자신보다 신분이 높은 사람들이 그렇다고 판단하는 것들이었습니다.

아첨을 잘하는 성향은 아니었지만 그는 사교계의 최고위층 사람들에게 본능적으로 이끌려 그들의 습관이며 세상 보는 시각을 그대로 따라 배워 가며 그들과 좋은 관계를 만들었습니다. 한때는 동료가 자신보다 먼저 승진한 것에 자존심이 상하기도 했지만 지인 덕분에 원하던 연봉을 받을 수 있는 새 직장으로 옮겼고 마음에 드는 주택을 구입하여 자신이 꿈꾸는 상류사회 사람들의 응접실처럼 꾸며놓고는 상류층 사람들을 초대해 즐겁게 어울리며 매우 만족했습니다. 이처럼 이반 일리치의 삶은 그 자신에게도 세상 사람들 눈에도 의심의 여지없이 행복해 보였습니다.

오늘날의 우리도 이반 일리치와 다름없는 생활을 추구하며 살아갑니다. 주변 사람들의 기대를 충족하려 하고 자신보다 더 높은 수준의 사람들처럼 살고자 노력합니다. 좋은 성적으로 유명 대학을 졸업하고 전문직을 갖고 남들 보기에 부러움을 살 만한 배우자와 좋은 집에서 잘 나가는 사람들과 교류하며 사는 것이 성공한 인생이고 행복한 삶이라고 합니다. 예측할 수 없는 험난한 세상에서 안정과 성공을 추구하는 것은 나름의 가치가 있습니다.

이처럼 자신이 태어난 곳에서 그 사회가 요구하는 틀에 따라 사는 사람들의 삶의 방식을 **마르틴 하이데거**Martin Heidegger, 1889-1976는 '세상 사람들의 삶'이라고 말합니다. 이러한 삶은 사회 풍조에 맞춰 사는 것이기에 무난하고 성공한 것으로 보입니다. 누군가 이러한 틀을 거부한다면 오히려 사회 부적응자, 낙오자라는 말을 듣게 될

마르틴 하이데거

독일에서 출생한 마르틴 하이데거는 20세기 사상을 대표하는 지성이다. 실존철학과 현상학, 철학적 해석학, 철학적 인간학, 언어철학, 기술문명 비판 등 철학뿐 아니라 문학과 문예비평, 심리학, 신학, 생태학까지도 영향을 미친 철학자이고 대표 저서로 《존재와 시간》이 있다. 그의 인생에서 가장 큰 오점은 나치가 정권을 잡은 1933년, 나치에 동의하지 않은 프라이부르크 대학의 총장을 강제 사임시키고 그 자리에 오른 것이지만, 이후 1년 뒤에는 그도 나치에 동조하지 않았다는 이유로 총장직에서 물러난다. 독일이 제2차 세계대전에서 패한 후 나치의 잔재를 청산하는 시기에 나치 협력을 이유로 하이데거는 교수직을 박탈당했고 1949년에 들어서 현대 기술문명을 비판하는 강연 이후에야 재기할 수 있었다. 이후 장 폴 사르트르 등 학계, 정치계, 재계의 유명 인사와 교류하며 세계적인 석학으로 다시 주목받았다.

것입니다.

하이데거는 이반 일리치와 같은 삶을 '비본래적 실존'이라고 봅니다. 그런데 사회가 원하는 틀대로 산다고 해서 자신의 고유한 삶을 살지 않는다고 말할 수 있을까요? 사회가 정한 틀대로 살더라도 결국은 자신을 위해 공부하고, 가정을 꾸미고, 집을 사는 것인데, 이것이 왜 자신의 고유한 삶이 아니라고 하는 것일까요?

비본래적 삶에서 주체는 자기 자신이 아니라 익명의 세상 사람이므로 이러한 삶은 자신의 고유한 삶이 아닙니다. 비본래적 삶에서는 모든 것이 목적과 수단의 관계에 놓여 있으며, 인간을 포함한 모든 존재가 우리가 추구하는 목적에 적합한가, 그렇지 않은가로 나타난다는 것입니다. 국가는 국가 경쟁력의 상승을 목표로 기업을 활성화하고자 건전한 기업 활동을 지원합니다. 회사의 사장은 회사의 이익을 목표로 이에 적합한 충실한 직원을 원합니다. 직원은 자신의 생계 유지를 목표로 기업에서 원하는 바를 실행합니다. 학교는 사회 여러 분야에서 원하는 인재의 양성을 목표로 학생들을 교육합니다. 학생들 역시 유능한 인재로 평가받는 것을 목표로 열심히 공부합니다.

이러한 일련의 관계에서 보면 학생, 교사, 학교, 기업, 직원, 사장, 국가는 서로가 목적과 수단의 관계를 맺고 있습니다. 하이데거는 이처럼 존재자들 간에 성립하는 목적과 수단이 서로 연결된 전체를 '세계'라고 합니다. 세상 사람들은 각자 궁극적으로 추구하는 목적에 따라 각각의 세계에서 충실한 도구로 살아갑니다. 돈을 목적으로 한 사람은 자본의 세계, 유명세를 목적으로 한 사람은 엔터테인먼트의 세계, 명예를 목적으로 한 사람은 공직의 세계에 발을 들여놓고 그 세계가 목표하는 바를 위해 각자의 역할에 충실하며 그 세계가 원하는 도구로서 살아갑니다. 이것이 하이데거가 생각하는 일상적인 세계입니다.

이반 일리치는 명예와 성공이라는 확실한 목표에 전념하며 그 밖의 예기치 못한 불쾌한 일들이 생겨나지 않도록 그것들을 잘 관리하며 균형을 잃지 않으려 노력했습니다. 그에게 예기치 못한 불쾌한 일이란 부인과의 말다툼 같은 것들입니다. 사실 이반 일리치는 신혼 시절 이후 부인과 사이가 그리 좋은 편은 아니었습니다. 그가 부인과 결혼한 것은 두 가지 이유 때문이었습니다. 우선 훌륭한 가문의 아름다운 아가씨를 아내로 맞이하는 것은 이반 일리치의 자만심을 채우기에 충분했고, 다음으로 상류층 사람들이 바로 그런 결혼을 하기 때문입니다.

사교계에서 품위를 지키며 인정받기 위해 이반 일리치는 서둘러 결혼하고 신혼 시절까지는 잘 지냈는데 부인이 임신한 이후부터는 상황이 달라졌습니다. 아이들을 낳고 기르면서 유쾌하지 못한 일, 품위 없는 일이 터져 나오자 이반 일리치는 견딜 수가 없었습니다. 부인이 남편에게 더 신경을 써 달라며 매달리고 사사건건 트집을 잡으며 신경질적으로 대할수록 이반 일리치는 일을 핑계로 빠져나갈 구실을 찾았습니다. 그는 부인에게 식사, 집안 관리, 잠자리만

비본래적 실존

하이데거는 "자신의 존재에 있어서 자신의 존재를 문제 삼는다"라는 인간의 본질적 성격을 '실존'이라고 불렀고, 이와 반대되는 것을 '비본래적 실존'으로 한정했다. '비본래적 실존'을 사는 이는 자신의 고유한 삶을 살지 않고 사회가 원하는 틀에 맞춰 산다. 우리가 공부하는 이유는 스스로 배움이 필요하다고 생각하고 그 배움으로부터 자신의 고유한 삶을 계획하고 실존으로 살아가기 위함인데, 남들이 사는 만큼 이루기 위해 또는 남들이 부러워하는 사람으로 살기 위해 공부한다면 그것이 바로 비본래적으로 사는 것이다.

을 요구하면서 겉으로만 가정의 품격을 유지하고 있었습니다. 그는 부인과의 문제들을 해결하는 대신 명예욕에 더 집착하고 성공을 추구하면서 가끔씩 친구들과 카드놀이를 즐기는 것에서 위안을 찾았습니다.

이런 모습은 현대사회에서도 흔히 볼 수 있습니다. 겉으로는 부족함이 없어 보이지만 부부만의 시간을 잘 견디지 못하는 가정이 있습니다. 대화가 원활하지 못하니 서로에게 관심을 가지기보다 일을 우선으로 하면서 서로 충돌할 만한 일은 가급적 피하며 가까스로 결혼 생활을 유지합니다.

이것은 일종의 타협입니다. 물론 가족에 대한 배려와 돌봄 대신 개인적 일을 통해 성취감을 누리는 것은 이기적인 행동이지만, 열심히 일한 대가로 경제적 안정을 누릴 수 있으니 나무랄 일은 아닙니다. 이들은 현재의 수준보다 더 높은 수준의 생활을 하고 싶은 욕망을 채우기 위해 서로에 대한 소홀함과 무시를 견디며 겉으로나마 품위를 유지합니다. 대화가 어려운 이유를 찾고 함께 해결하고자 노력하기보다 이를 무시하고 각자 원하는 것을 하는 편이 더 편리하고 쉽기 때문입니다. 이들에게는 집안 살림을 돌보는 누군가나 경제적 안정을 보장해 주는 누군가가 필요할 뿐이지 꼭 지금의 배우자가 필요한 것은 아닙니다. 이러한 삶이 바로 하이데거가 말한 비본래적 실존으로 살아가는 것입니다. 일상 세계에서 인간은 그 기능으로만 인정되므로 고유성을 잃고 자기 자신이 주체가 되는 대신 익명의 세상 사람이 주체가 되어 사는 것입니다.

자신만의 고유한 삶이란 무엇일까?

세상 사람들이 부러워하는 삶을 살던 이반 일리치에게 예기치 못한 작은 사건 하나가 생겼습니다. 새집에 이사 온 이반 일리치는 부자처럼 보이기 위해 응접실을 멋지게 꾸미려다 사다리에서 발을 헛디뎌 창틀 손잡이에 옆구리를 부딪쳤는데, 시간이 갈수록 옆구리의 묵직한 느낌이 점점 일상을 방해하기 시작했습니다. 옆구리 통증 때문에 신경이 예민해지고 불쾌해지니 부인과 말싸움이 점차 잦아졌고 집안의 분위기마저 가라앉았습니다.

이반 일리치가 옆구리 통증으로 예민해지면서 사소한 일에 트집을 잡기 시작하자 부인은 처음에는 심하게 화를 냈지만, 나중에는 굳이 반박하지 않고 불쾌한 상황을 피해 버리는 것으로 대처했습니다. 그러면서 부인은 자신의 이런 인내를 위대한 미덕이라 생각했고, 남편의 끔찍한 성격으로 인해 자신의 인생이 불행해졌다는 결론을 내리고 스스로를 불쌍하게 생각했습니다.

이반 일리치의 부인이 자신을 불쌍하다고 여길수록 남편에 대한 증오는 더욱 커졌습니다. 그러나 남편이 빨리 죽었으면 좋겠다는 생각을 하면서도 남편이 없으면 생계가 위협받을 것이라는 생각에 이러지도 저러지도 못합니다. 게다가 남편이 죽어도 대책이 없다는 것에 분노가 치밀어서 부인은 더욱 불행에 빠져들었습니다. 부인은 이 분노를 애써 감추려 하고, 이반 일리치는 그런 부인의 모습에 더욱 분노가 끓어올랐습니다. 만약 새집을 꾸미다 생긴 예기치 못한 사건이 일어나지 않았다면 새로 꾸민 응접실에 고위층 손님들을 초대하며 자신의 품위 있는 삶에 만족하며 지내겠지만, 이반 일리치의 옆구리 통증을 계기로 그의 꿈이 서서히 어긋나기 시작했습니다.

유명한 의사를 여럿 만나도 그의 통증은 점점 심해졌습니다. 의사들은 여러 검사를 하고 그 결과만을 모호한 태도로 말할 뿐 회복 여부에 대해서는 명확한 답변을 회피했습니다. 이반 일리치는 전문가처럼 거만하게 구는 의사들의 모습에서 재판장에서의 자신의 모습을 깨달았습니다. 이전에는 몰랐던 자신의 오만한 태도를 처음으로 반성하게 된 것입니다.

희한하게도 이반 일리치는 통증이 심해질수록 점차 자신과 주변 사람들의 진심을 꿰뚫어 보게 되었습니다. 그는 아내가 약을 먹으라고 하거나 더 유명한 의사에게 진료를 받아 보라고 권하는 이유가 남편인 자신을 진심으로 걱정해서가 아님을 눈치챕니다. 아프기 시작하면서 예민해진 탓에 자주 충돌하다 보니 아내 자신의 불행을 막아 보려는 속셈을 말입니다. 약혼을 앞둔 딸조차 아버지의 이야기를 마지못해 들으며 지루해한다는 것도 알아보게 됩니다. 평소 잘 어울리던 친구들 또한 쇠약해지는 그의 몸을 불편해하고 거리를 두려고 하는 것이 보였습니다. 점점 심해지는 고통이 지금까지의 만족스러운 그의 일상생활에 균열을 가져온 것입니다.

이반 일리치가 겪고 있는 통증에 대한 정확한 진단은 누구도 내리지 못했지만 그는 자신이 죽어 간다는 사실을 깨닫고 절망 속에 빠져들면서도 법관답게 논리적으로 죽음의 공포를 물리치려 했습니다.

> 모든 인간은 죽는다.
> 시저는 인간이다.
> 따라서 시저도 죽는다.

삼단논법은 부정할 수 없는 명쾌한 논리입니다. 그렇지만 이러한 논리가 옳다고 해도 이반 일리치가 느끼는 죽음의 공포는 줄어들지 않습니다. 이반 일리치는 이 논리가 시저에게는 해당해도 자신에게는 해당되지 않는다고 생각했기 때문입니다. 그동안 그는 자기 자신을 남과 전혀 다른 특별한 존재라고 생각해 왔고, 자신의 인생에서 생생하게 기억하는 기쁨과 슬픔, 감동을 생각하면 자신은 결코 시저와 같이 죽을 수 있는 존재가 아니라고 생각했습니다.

논리를 통해 죽음의 공포를 물리치려는 것은 에피쿠로스도 마찬가지입니다. 에피쿠로스는 이성적 사고가 죽음에 대한 허황된 생각을 떨치는 데 도움이 된다고 생각합니다. 그는 죽음을 경험할 가능성이 논리적으로 없다고 주장하면서 죽음의 공포는 가능하지도 않고 아무런 의미도 없다고 주장했는데, 그것은 다음과 같은 논리에서입니다.

나는 존재하거나 존재하지 않거나 둘 중 하나다.

내가 존재한다면 죽지 않은 것이고 죽음은 오지 않은 것이다.

내가 존재하지 않는다면 이미 죽음이 내게 온 것이다.

따라서 어느 경우든 나는 죽음을 경험할 수 없다.

에피쿠로스는 우리가 존재하든 존재하지 않든 죽음을 경험할 가능성이 없으므로 죽음은 우리에게 아무것도 아니며 두려움의 대상이 될 수 없으므로 죽음의 공포에서 벗어나 마음의 평정을 가지라고 합니다. 그렇지만 우리는 이러한 논리에도 불구하고 죽음의 공포와 두려움을 누그러뜨릴 수 없습니다. 에피쿠로스가 주장한 대로 죽음이 우리에게 아무것도 아닌 것이 아니기 때문입니다. 살아 있는 동안은 죽음을 경험할 수 없다는 말은 맞지만, 죽음에 다가가는 일련의 고통은 생생하게 경험하기 때문입니다. 병상에 누워 있기만 해도 육체가 망가지는 것 외에 주변 사람들의 무관심과 단절이 고통스럽고, 친구들로부터 멀어질 때 드는 소외감이 괴롭습니다. 이처럼 죽음이 모든 감각과 의식을 종식시키기 전에는 육체적 고통과 심리적 고통을 생생하게 경험하므로 죽음은 여전히 두렵고 공포스러운 대상일 수밖에 없습니다.

결국 이반 일리치는 사흘 밤낮을 고통 속에서 비명만 지르다 죽는데, 그 기간 중에 그를 더욱 괴롭힌 것은 주변 사람들의 거짓과 기만입니다. 그가 죽어 가고 있는 것이 분명하다는 사실을 뻔히 알고 있음에도 가족들과 친구들은 안정을 취하고 치료만 잘하면 곧 좋아질 거라는 자신들도 믿지 않는 거짓말만 되풀이했습니다. 그런데 바로 그런 태도는 이반 일리치가 그토록 지키려 애썼던 '품위'에 딱 맞는 것입니다. 그러나 그렇게 품위 있게 대하는 사람 중에 어느 누구도 그를 진심으로 안타까워하거나 동정하지 않고 고통스러워하는 그의 곁에 머물며 함께 시간을 보내지 않았습니다. 사실 그의 옆구리 통증은 자신의 응접실을 부잣집처럼 품위 있게 꾸미려다 벌어진 사건인데, 그를 가장 괴롭힌 것이 주변 사람들의 품위 있는 행동이라는 것이 아이러니입니다.

이반 일리치의 부고 소식이 신문에 나자 그동안 그와 잘 어울리던 그의 품위 있는 친구들은 머릿속으로 장례식에 누가 올지, 혹시 자신에게 도움이 될 만한 사람들이 올지를 계산하기에 바빴습니다. 그와 동시에 자신들은 멀쩡하게 살아 있다는 것에 안도감을 느끼고, 예의상 장례식에 참석하는 것을 귀찮은 의무라고 생각했습니다. 장례식장에서 품위 있게 눈물짓는 이반 일리치의 부인으로부터 친구가 어떻게 죽었는가를 들을 때는 섬뜩한 기분에 빠져들기도 하지만, 그것이 친구에게 일어난 특별한 일이지 자신들에게는 결코 일어날 수 없는 일이라고 안심하며 다른 친구들과 카드 게임을 할 궁리로 서둘러 장례식장을 빠져나갔습니다.

이반 일리치가 추구해 온 품위 있는 생활이란 이처럼 가식으로 포장된 허상에 불과했습니다. 죽음 앞에서 그가 깨달은 것이 바로 이런 거짓과 기만이고, 이것을 위해 평생을 살아왔다는 사실이 그를 더욱 고통스럽게 했습니다. 그가 죽음을 앞두고서 이전의 삶이 가식이자 기만이었음을 깨닫게 된 것은 우연이 아닙니다. 죽음으로 인해 그가 굳게 믿었던 일상적 세계가 무너졌기 때문입니다.

하이데거는 죽음이 일상적인 세계의 비본래적 삶, 나 자신이 스스로 선택하고 결단한 자신의 고유한 삶이 아니라 남들이 좋다는 대로 따라한 삶을 드러낸다고 합니다. 이러한 세계가 기만이고 공허하다는 것을 알게 해 준다는 것입니다. 왜냐하면 일상적 세계에서는 익명의 세상 사람들이 주체가 되어 비본래적 삶을 살게 하지만 나의 죽음은 다른 누구도 대신할 수 없다는 점에서, '가장 고유하고, 가장 극단적이며, 가장 확실한 가능성'을 일깨우고 자신의 본래적 삶의 의미를 묻기 때문입니다. 이로써 죽음의 경험을 통해 우리는 일상 세계에서 중요하게 여기던 것들의 가치를 상실합니다. 이반 일리치가 쌓아 왔던 명성이나 높은 직위가 그의 죽음 앞에서 아무 소용없는 것으로 보이는 이유가 바로 이 때문입니다.

죽음의 공포 앞에서 드러난 내면의 진실

이반 일리치가 극심한 고통을 겪을 때 위안이 되어 준 유일한 사람은 하인 게라심입니다. 그는 꼼짝할 수 없는 주인이 조금이라도 더 편하게 느낄 수 있도록 정성을 다하며 간호했는데, 곧 나을 것이라는 듣기 좋은 거짓말 대신 고통 속에 있는 주인에게 깊은 연민을 느끼며 최선을 다해 고통을 덜어 주고자 했습니다. 그의 진심에 이반 일리치는 게라심 앞에서는 어린아이가 된 양 소리 내어 울고 싶을 정도였습니다. 게라심에게는 거짓 없이 연약한 자신의 모습을 그대로 다 드러낼 수 있어서 큰 위로가 됐습니다. 겉으로만 걱정하는 체하는 부인과 딸에게는 역겨움과 분노를 느꼈지만 게라심에게는 그렇지 않았습니다.

그런데 이반 일리치는 이제 진실과 거짓을 구분하고 알아차릴수 있는데도 병문안 온 동료들 앞에서는 다시 이전처럼 심각하고근엄한 표정을 짓고, 판결의 의견을 물으면 타성적인 자신의 견해를 끝까지 고수했습니다. 그는 끝내 다른 가족과 마찬가지로 지금까지 해 오던 거짓과 가식을 떨치지 못했던 것입니다. 자신의 인생이 올바르고 정당하고 품위가 있다는 고집 속에서는 자신의 죽음을 도저히 받아들일 수가 없었던 것입니다. 그러한 가식을 떨치지못하기에 죽음에 대한 두려움과 공포 또한 떨칠 수 없었습니다.

이반 일리치가 죽음의 공포를 결정적으로 넘어서게 된 순간은죽음에 임박해서였습니다. 사흘 밤낮 사경을 헤매면서 간혹 정신이 들 때마다 그는 자신의 거짓과 가식의 삶을 되돌릴 방법이 있을지를 생각해 보았습니다. 그러다 그가 죽기 한 시간 전쯤 학교에다니는 어린 아들이 그의 손을 잡아 입술에 대고 울음을 터뜨리는것을 본 순간, 자신은 제대로 된 삶을 살지는 못했지만 그걸 바로잡을 수는 있음을 깨달았습니다.

그것은 자신 때문에 괴로워하는 가족에게 미안함을 느끼며, 이모든 고통으로부터 가족과 자기 자신을 놓아 주어야 한다는 생각이었습니다. 그 생각에 이르자 돌연 세상이 환해지면서 마음속에그를 괴롭히며 갇혀 있던 것이 일순간 밖으로 쏟아져 나왔고, 놀랍게도 모든 통증이 사라졌습니다. 동시에 오랫동안 떨쳐지지 않던 죽음의 공포 또한 한순간에 사라지고 한줄기 빛이 보였습니다. 죽음의 공포로부터 벗어나 진정한 기쁨과 평정이 다가온 것입니다. 죽기 직전 가족에 대한 사랑과 연민을 느끼며 죽음의 공포와 두려움을 넘어설 수 있었습니다.

죽음을 앞두고 결혼식을 올린 연인들의 이야기가 문득 떠오릅니다. 코로나19에 감염돼 중환자실에서 생사를 오가던 환자가 잠시 의식을 회복했을 때 함께 입원했던 약혼자와 결혼식을 올린 일이 있었습니다. 병세가 악화되어 지금이 아니면 기회가 없을지도 모른다는 의사의 조언을 듣고 순식간에 결정한 일입니다. 이 사례를 통해 생각해 보면 죽음은 모든 것의 끝이 아니라 모든 것 중 가장 진실한 것을 알려 주는 전령인지도 모르겠습니다.

자신의 진실을 간직하고 있다면 죽음의 공포도 넘어서리라 생각합니다. 이러한 상태는 더 이상 두려울 것이 없는 평정의 상태에 해당할 것입니다. 그런데 이러한 상태는 에피쿠로스가 말한 것처럼 죽음의 공포를 '악'으로 보고 그것을 외면함으로써가 아니라 공포의 실체를 온몸으로 겪고 대면함으로써 얻어 낸 것입니다.

죽음의 공포는 에피쿠로스가 제안한 대로 논리적으로 물리칠 수 있는 것이 아닙니다. 자기 자신의 감정과 감각은 일반화된 논리로 환원할 수 없습니다. 논리로는 나 자신의 고유성, 연민과 같은 인간적인 사랑의 감정을 설명할 수 없습니다. 인간이기에 죽음을 두려워하고 공포감에 빠지는 것은 자연스러운 일입니다. 그러나 두렵다고 회피만 한다면 죽음의 공포를 넘어설 수 없습니다. 죽음은 두렵지만 죽음이 있기에 일상의 세계에서는 알지 못했던 자신의 고유한 삶의 진실을 깨달을 수 있습니다. 그러한 자기 삶의 진실을 깨달았을 때 비로소 죽음에 대한 공포를 넘어설 수 있습니다. 중환자실에서 생사를 오가다 잠시 의식이 돌아온 틈에 결혼식을 올린 신랑과 신부 두 사람은 죽음에 대한 공포 대신, 지금 현재의 진실, 무엇보다도 서로를 사랑하고 있다는 진실로 충만했을 것입니다.

동물이라고 상실의 슬픔이 덜할까?

《베일리 어게인》

함께 살던 반려동물이 세상을 떠나 슬퍼하는 사람은 이별의 고통과 슬퍼도 슬픔을 표현할 수 없는 고통을 이중으로 겪습니다. 이별을 추스르기도 힘든데 주변 사람들로부터 "사람도 아닌 동물이 죽었는데 뭐 그렇게 슬퍼하느냐"는 말을 듣게 되니 슬픔을 제대로 표현할 수가 없습니다. 반려동물이 임종을 앞두고 있어 약속을 미뤄야 할 것 같다고 하면 주변의 따가운 시선을 받을 것입니다. 이해받지 못하고 혼자 견뎌야 해서 더 고통스럽습니다.

누군가에게는 가족의 죽음만큼 반려동물의 죽음도 큰 슬픔이자 상실일 수 있다는 것을 대부분의 사람은 이해하지 못합니다. 반려동물의 죽음을 가족의 죽음만큼 슬퍼하는 것이 정말 유난스러운 일일까요? 만약 동물도 우리와 유사한 감정을 갖는 존재이고, 우리만큼 자신의 친구들에 대해 감정적 유대를 갖고 있다면 어떨까요?

최근에 브라질에서 떠돌이 개에 대한 기사가 화제였습니다. 형제로 보이는 9개월가량 된 두 마리의 개 중 한 마리가 뺑소니 사고로 심한 부상을 입고 길가에 쓰러져 있는데 같이 있던 개가 내내 곁에 붙어서 돌봐 주고 지켜 주었다는 내용의 기사입니다. 지나가던 사람들이 동물병원과 유기 동물 보호소에 연락했지만 일요일이라서 도움을 줄 수 없었고, 월요일 아침이 되어서야 구급차가 도착했는데, 이틀 동안 잠시도 곁을 떠나지 않고 형제를 돌보던 개는 구급차에 같이 오르고 병원에서도 아픈 개 곁을 떠나지 않았다고 합니다. 끝까지 돌보고 책임지는 모습에서 인간과 다름없는 깊은 유대와 사랑을 확인할 수 있습니다.

그밖에도 끝까지 주인을 돌본 충견의 이야기는 아주 많습니다. 최근 미국에서는 갑작스러운 폭설로 집이 무너지는 사고가 있었습니다. 혼자 살던 할아버지는 구조를 요청했지만 폭설로 도로가 막혀 고립되었고, 자구책을 마련하고자 반려견을 데리고 집을 나섰다가 눈 폭풍에 파묻혔습니다. 이틀 뒤 막힌 도로를 뚫고 간신히 구조대가 도착했을 때 가장 먼저 눈에 띈 것은 반려견이었습니다. 구조대는 반려견 덕분에 눈 속 깊이 파묻힌 할아버지의 시신을 쉽게 찾을 수 있었습니다. 반려견은 혹독한 눈 폭풍을 피하지도 않고 할아버지 곁을 지키고 있던 것입니다. 이러한 행동들은 반려견 역시 인간 못지않은 의리와 책임, 깊은 유대감을 갖고 있다는 사실을 보여 줍니다.

우리는 아직 동물에 대해 아는 것이 많지 않습니다. 동물에 대해 더 많이 알게 되면 동물에 대한 우리의 태도도 지금과 많이 달라질 것으로 생각합니다. 우선 동물과 인간의 관계를 되짚어 보는 것으로부터 동물 상실의 문제를 짚어 보고자 합니다. 인간이 반려 동물과 함께 사는 이유는 무엇일까요? 귀여운 모습을 보면 기분이 좋아져서, 외로움을 달래려고, 집안 분위기를 생기 있게 하려고 등 인간 자신을 위한 이유가 대부분일 것입니다. 물론 유기 동물에 대한 연민과 동정심도 이유가 되겠지요. 오늘날 우리는 여러 이유에서 반려동물을 선택합니다. 그렇다면 동물은 과연 언제부터 어떤 이유에서 인간과 함께 살게 되었을까요?

과학 학술지 〈사이언스〉에 발표된 논문에 따르면, 개는 최소 1만 2000년 전부터 유럽과 동아시아에서 각각 가축화되었다고 봅니다. 개에 이어 고양이가 가축화된 시기는 대략 8000−9000년 전으로 추정합니다. 이들이 인간과 함께 살게 된 이유는 단순히 귀여워서가 아니었겠지요? 먹고살기도 힘든 1만 년 전의 사람들은 단순히 같이 사는 게 좋아서가 아니라 뚜렷한 목적이 있어 동물에게 먹이를 나눠 주며 데리고 살았을 것입니다. 주로 개는 사냥을 위해, 고양이는 설치류로부터 곡식을 보호하기 위해서였지요. 가축화된 동물은 사실 목적을 위한 수단으로 이용한 것입니다. 오늘날도 목적을 위한 수단으로 동물을 대하는 것은 마찬가지입니다. 수많은 실험실의 동물과 농장의 가축을 보면 그들의 생명은 인간이 의도한 목적에 의해 결정되고 있습니다.

하지만 이렇게 대부분의 동물이 목적이 아닌 수단으로 이용되고 있어도 누군가에게는 소중한 친구이자 가족이 되기도 합니다. 반려동물을 키운 이들은 자신의 반려동물과 헤어질 때 이 세상 누구보다도 더 많이 자신을 사랑해 주어서 고맙다고 말합니다. 그런데 이 말이 실제로 가능한 말일까요? 기르던 동물에 대한 애착 때문에 생겨난 착각이자 망상인지, 이들의 말처럼 동물이 진짜로 인간을 사랑할 수 있을지 궁금합니다.

요즘은 반려동물이 죽으면 일반 동물처럼 '처리'하는 것이 아니라 장례의 형식을 갖추고 추모 공간에 안치하고 애도하기도 합니다. 일부 사람들에게 시작된 이러한 문화가 처음에는 낯설었지만, 반려동물과 인간의 친밀감이 대체 어느 정도이기에 이런 문화가 생겨난 것일까 하는 의문이 듭니다. 인간과 동물이 친구가 될 수 있는지에 답하기 위해서는 먼저 둘 사이의 거리를 짚어 보겠습니다.

동물에 대한 예의

가축이던 동물이 인간의 소중한 친구나 가족이 될 수 있었던 결정적인 계기는 무엇일까요? 무엇보다 인간과 소통하고 사랑을 나눌 수 있는 마음 또는 의식의 존재일 것입니다. 윤리학자 잔 카제스는 《동물에 대한 예의》에서 이 문제를 다룹니다.

역사적으로 동물에 대한 최악의 주장을 펼쳤던 철학자는 데카르트입니다. 그는 동물에게만큼은 무자비하게 극단적이었습니다. 동물은 마음이나 의식이 없는 자동 기계에 불과하다고 했으니까요. 누구보다도 이성을 중시했던 그가 어떻게 그런 비이성적인 주장을 펼쳤는지 의아할 정도입니다. 데카르트는 영혼이 있는 인간과 달리 동물에게는 영혼이 없다고 보았습니다. 그에게 뇌는 단지 감각 기관에서 보내는 신호를 처리하는 신체 기관이 아니라 붉은 사과의 이미지를 보고 생각하는 것을 가능케 해 주는 특별한 기관으로, 영혼과 연결된 것입니다. 뇌에 영혼이 없다면, 사과를 보고도 사과에 대해 생각할 수 없다는 것입니다. 데카르트에게 영혼은 사고와 이성뿐 아니라 모든 의식까지 통제하는 주체인데, 동물에게는 영혼이 없기 때문에 사고와 인식도 없고 그래서 사과를 보고도 사과를 생각할 수 없다고 보았습니다.

하지만 이것은 틀린 말입니다. 사과를 먹어본 개는 사과를 보는 것만으로도 아주 많은 침을 흘릴 정도로, 사과의 맛과 향기를 기억하고 그에 대해 반응합니다. 우리는 동물을 관찰하는 것만으로도 동물이 먹이를 인식할 수 있고 사냥할 때는 목표 대상을 명확히 인식한 후 나름의 사냥 방법으로 획득하는 과정이 우리와 다를 바 없는 것을 알고 있습니다. 인간과 마찬가지로 동물 역시 그들 수준의 의식과 전략을 가지고 세상을 살아가는 것입니다.

반면 데카르트는 같은 현상에 대해 다른 설명을 합니다. 반려견이 어떤 것에 대해 냄새를 맡았거나 모양을 보았거나 배가 고파 밥그릇에 다가가는 것처럼 보여도 실제로는 그렇지 않다는 것입니다. 개가 하는 모든 일은 감각 기관과 뇌와 몸에서 발생하는 현상들이 그저 기계적으로 연결된 것뿐이지 그들이 뭔가를 의식하고 생각하고 한 행동이 아니라는 것입니다. 동물은 기계와 다를 바 없는, 털로 덮인 로봇과 같아서 아무것도 생각하지 않고, 바라지 않고 느끼지 않은 채 그런 행동을 자동으로 한다는 주장입니다.

과연 당시 사람들은 이런 주장을 납득했을까요? 물론 그렇지 않았으리라 생각합니다. 실제로 동물과 생활해 본 사람이라면 그런 터무니없는 주장을 받아들이지 않았을 테니까요. 일반 사람들에게 통하지 않았을 이러한 데카르트의 주장을 받아들인 사람들은 따로 있었습니다. 생체실험을 하는 과학자들이었지요. 17세기는 과학이 발달하던 시기였고, 동물을 대상으로 하는 생체실험이 성행하던 시기였기에 데카르트의 주장은 죄책감 없이 마음껏 생체실험을 할 수 있는 발판이 되었습니다. 생체실험이 동물의 고통을 불러온다면 그것은 범죄를 저지르는 것과 다르지 않지만, 데카르트의 주장대로라면 동물은 고통을 느끼지 못하는 기계에 불과할 뿐이라 생체실험에 아무런 죄책감을 가질 필요가 없는 것입니다. 데카르트는 동물을 자동 기계에 불과하다고 보는 것이 인간의 죄책감을 덜어 주는 동시에 신의 완전무결을 입증해 준다고 주장했습니다. 동물은 언제든 맛 좋고 영양가 있는 음식이 될 수 있는데, 그 과정에서 동물들이 고통을 겪는다면 신이 큰 실수를 저지르는 셈입니다. 따라서 완전무결한 신은 동물에게 고통을 주었을 리 없다는 것입니다. 데카르트는 동물이 고통을 느끼지 않는다고 함으로써 신은 완전무결하다고 변호한 것입니다.

데카르트와 그의 사상을 계승한 사람들 이외에 대부분의 사상가나 과학자는 동물의 의식과 고통을 인정하고 있습니다. 심지어 한참 전인 기원전 4세기에 살았던 아리스토텔레스조차 인간보다는 낮은 단계이지만 동물에게 영혼을 부여했습니다. 대신 그는 이성이 모든 것을 지배해야 한다는 입장에서 영혼이 몸을 지배해야 하는 것은 물론이려니와 이성적인 남자가 덜 이성적인 여자를 지배하고, 이성적인 주인이 비이성적인 노예를 지배해야 하듯 인간이 동물을 지배해야 한다고 보았습니다. 이성이 지배하는 일은 공익을 위한 것이므로 동물이 인간에게 지배받을 때 형편이 더 낫고 더 안전하게 보호받는다는 입장입니다.

오늘날에는 남성에 의한 여성의 지배, 주인에 의한 노예의 지배를 정당화할 수 없습니다. 그렇다면 장차 인간에 의한 동물의 지배 또한 부당하다는 것이 밝혀질 가능성도 있지 않을까요? 물론 아직까지 동물에 대한 인간의 지배를 반대하는 사상가는 극히 소수입니다. 그런 입장이 옳은지 부당한지는 아직 알 수 없습니다. 다만 역사를 짚어 보면, 남성의 지배와 주인의 지배가 무너졌듯이 동물에 대한 인간의 지배가 무너지는 날도 올 수 있지 않을까요? 물론 인간-인간의 지배와 인간-동물의 지배는 큰 차이가 있지만, 그것이 오늘날과 같은 수준의 지배를 정당화할 정도인지는 논의해 볼 문제입니다.

18세기의 철학자 칸트는 인간을 수단이 아니라 목적으로 대우하라고 주장했습니다. 칸트에게 타자에 대한 의무는 그들의 존엄성을 존중하느냐의 여부에 달려 있습니다. 인간의 존엄성은 전적으로 도덕성에 기반을 두고 있고요. 다람쥐가 도덕성을 갖고 있지 않다면 다람쥐가 씨앗을 훔친 것은 잘못된 행동이 아닙니다. 뿐만 아니라 다람쥐는 도덕적 존재가 아니어서 존엄성이 없으므로 인간은 다람쥐에게 의무가 없습니다. 그러나 칸트는 데카르트처럼 동물을 무자비하게 대하는 것을 허용하지 않았습니다.

> 우리가 동물과 접촉하고 그들의 행동을 관찰할수록 동물이 자기 새끼를 얼마나 훌륭하게 돌보는지 목격하게 될 것이며, 자연히 우리는 동물을 더욱더 사랑하게 될 것이다. 그래서 늑대에게도 잔인하게 대하기가 어려워진다.

이처럼 칸트는 인간이 동물에게 친절하다면 다른 인간에게도 친절할 것이며, 반대로 인간이 동물을 잔인하게 대한다면 인간에게도 잔인하게 대할 것이라고 말합니다. 인간이 동물에 대해 어떤 의무는 없지만, 동물을 학대하면 나중에 인간에 대한 의무도 저버릴 수 있다는 것이지요. 물론 칸트는 인간의 의무를 오직 존엄성을 지닌 인간에게만 한정할 뿐, 동물까지 확장하지는 않았습니다.

반면 칸트와 동시대를 살았던 **제러미 벤담**Jeremy Bentham, 1748-1832 은 동물에 대해 좀 더 적극적인 입장을 펼칩니다. 벤담의 **공리주의** 에 따르면 타자가 쾌락과 고통을 느낄 수 있는 한 우리는 그에 대한 의무를 져야 합니다. 인간에게는 고통보다 쾌락을 최대화하여 전체의 행복을 가능한 한 가장 높은 수준까지 상승시킬 의무가 있는데, 이를 위한 행위는 정당하며 그렇지 않은 행위는 부당한 것입니다. 그런데 이때 벤담이 지시한 타자에는 인간뿐만 아니라 동물

제러미 벤담

영국 태생의 벤담은 옥스퍼드 대학에서 법학을 전공했고 변호사가 됐지만, 철학에 몰두했고 당시 영국의 법을 비판하는 역할에 기여했다. 벤담은 자유경제를 주장하고, 정치와 종교의 분리, 표현의 자유, 양성평등, 동물의 권리 등을 적극적으로 주장한 점에서 시대를 앞선 사상가이다. 그의 가장 유명한 이론은 법과 도덕이 쾌락을 늘리고 고통을 감소시켜야 한다는 '최대다수의 최대행복'으로 알려진 공리주의이다. 존 스튜어트 밀 외에도 현대의 많은 정치, 경제 사상가에게도 영향을 미쳤다. 오늘날 그의 아이디어인 '파놉티콘Panopticon' 역시 잘 알려져 있다. 한 명의 감시자가 자신은 드러내지 않고 수많은 수용자를 효과적으로 감시하는 것을 가리키는 이 개념은 사회 감시망 체제를 언급하거나 만드는데 적극적으로 활용된다.

도 포함된다는 점에서 파격적입니다. 벤담은 동물 학대가 편견에서 비롯된 것이라고 설명합니다.

폭군이 아니고서는 절대 빼앗아 갈 수 없었던 권리들을 동물이 다시 획득하게 되는 날이 올지도 모른다. 프랑스인들은 누군가의 피부가 검다는 사실이 그를 학대하고 아무런 배상을 하지 않아도 된다는 의미가 아님을 이미 알고 있다. 다리의 개수, 피부의 털, 꼬리뼈의 생김새가 다르다는 이유로 감각을 가진 존재를 학대하도록 두어서는 안된다는 사실을 인정하게 될 날이 올 것이다. 이외에 무엇이 뛰어넘을수 없는 경계를 긋는가? 이성적으로 사고하는 능력인가? 아니면 대

1부 내 삶 가까이에 있는 죽음에 대하여 **91**

화하는 능력인가? 사실 완전히 성장한 말이나 개는 갓난아기보다 더 이성적이며, 대화에 더 능숙하다. 그러나 그렇지 않다 해도 무엇이 차별을 정당화하겠는가? 문제는 사고하는 능력이나 말하는 능력이 아니라 고통을 느낄 수 있는가이다.

벤담의 입장은 오늘날의 동물 기본권을 주장하는 주요 근거가 되고 있습니다. 찰스 다윈은 동물과 인간의 유사성에 관해 '생명의 나무'라는 은유를 통해 잘 설명했습니다. 이것은 동물들 간의 연속 성을 상징합니다. 나무에는 수많은 가지가 있지만 뿌리는 같은 것 처럼, 동물도 인간과 모습은 달라도 서로 연관되어 있으니 인간의 마음과 동물의 마음에 공통점이 있다는 사실을 추측할 수 있습니 다. 종의 다양성을 설명하기 위한 자연 선택설 또한 모든 동물이 공통된 조상으로부터 파생된 공동 후손이라고 전제하므로 우리와 전혀 다른 종 사이에도 유사점을 인정할 수 있습니다.

공리주의

벤담에게 쾌락과 고통은 "우리가 무엇을 행할까를 결정할 뿐만 아니라 우리가 무엇을 해야 하는가를 지시해 주는" 가장 중요하고 사실상 유일 한 조건이다. 쾌락을 구하고 고통을 피하려는 인간 본성은 "무엇을 행 할까를 결정"한다. 공리주의에서 공동체의 목적은 가능한 최대 다수의 최대 행복을 획득하는 것이다. 이때 공동체 전체의 행복은 개인의 행복 과 별개가 아니라 공동체를 구성하는 여러 구성원의 이익의 총합이다.

오늘날 밝혀진 바에 의하면 인간과 침팬지의 DNA는 98퍼센트 이상 동일하다고 합니다. DNA상으로만 따질 때 침팬지와 인간의 차이가 침팬지와 원숭이의 차이보다 더 적다는 것입니다. 다윈은 다양한 종에서 감정, 지능, 자기표현, 창의력, 논리, 도덕성의 신호를 발견했습니다. 오늘날 많은 동물행동학자의 연구 또한 이를 뒷받침하고 있습니다.

동물과 인간의 연속성은 고대 힌두교와 동양의 불교 등에서도 찾을 수 있습니다. 힌두교 사상에서는 몸에서 몸으로 이동하는 숨, 자아, 영혼 등의 의미를 갖는 무형의 요소인 아트만Atman이 있다고 봅니다. 힌두교인들은 인간의 아트만이 동물의 아트만과 동일하며, 동물과 인간 사이에는 유사성이 있다고 믿습니다. 불교인들은 힌두교 사상에서 환생의 개념을 물려받았지만 하나의 몸에서 또 다른 몸으로 이동하는 자아 혹은 아트만이 존재한다고 보는 대신 인간이 동물로도 동물이 인간으로도 '재탄생'하는 것으로 인간과 동물의 연속성을 이해합니다.

이처럼 고대로부터 현대에 이르기까지 동물과 인간의 차이점보다 유사점에 주목하는 사상이 있다는 것은 흥미롭습니다. 물론 어떤 동물과 비교하느냐에 따라 유사성의 범위는 매우 다를 수 있습니다. 그렇다면 특정 동물과 인간이 친구가 될 가능성은 열려 있다고 봐야겠습니다.

말을 못하면 영혼이 없는 걸까?

데카르트가 인간과 동물을 극단적으로 다르다고 본 가장 주요한 근거는 동물이 말을 하지 못한다는 사실입니다. 데카르트에게 의식의 유무를 판단하는 기준은 전적으로 말을 할 수 있느냐에 달려 있었기 때문입니다. 그의 관점에서 보면, 다른 사람의 입을 통해 들은 문장들은 단지 몸에서 나오는 소리가 아니라 다른 사람의 영혼을 인정하게 만드는 증거입니다. 그런데 동물은 문장으로 말하지는 않지요. 그래서 데카르트는 동물에게 영혼이 없다고 봤습니다. 그런데 여러분은 동물이 말을 할 수 없다는 것에 동의하나요?

여러 실험을 고려하면 전혀 동의할 수 없는 부분입니다. 말이 꼭 문장이어야 하는가도 인정할 수 없고 꼭 목소리를 통해 나오는 말만 의사소통을 가능하게 하는가도 의심스럽습니다. 1970년대 미국에서는 동물행동학자와 심리학자들에 의해 침팬지를 대상으로 수어를 가르친 실험이 진행되었습니다. 실험의 결과는 대부분 긍정적이었습니다. 기본적인 단어를 습득한 침팬지는 생전 처음 보는 새로운 물건에 대해서도 기존의 단어들을 조합하여 수어로 표현해내기도 했습니다.

다큐멘터리 〈프로젝트 님〉에서는 유아기부터 심리학자의 가정에서 인간 아기처럼 사랑받고 자란 침팬지 '님'의 일생이 소개됩니다. 님의 유년기는 행복했습니다. 그러나 갑작스럽게 연구비 지원이 끊기고 실험이 중단되자 자신이 살던 가정을 떠나 몇몇 불안정한 환경을 떠돌다가 마침내는 열악한 동물 실험실에 갇히는데, 오랜 세월이 지나 그를 찾아온 인간 누나들에게 자신의 외롭고 힘든 심정을 수어로 표현했습니다. 수어는 인간의 언어인데 침팬지가 교육을 통해 인간의 언어를 구사하여 인간과 소통할 수 있다는 것은 매우 흥미로운 사실입니다. 그러나 더 중요한 것은 동물들이 자신들의 방식으로 그들만의 생존전략을 짜고 지구 생명체의 일원으로 오래도록 살아가고 있다는 일반적인 사실입니다.

벌들의 춤은 그들의 먹이가 있는 장소를 발견한 벌이 다른 벌에게 정확한 위치를 알려 주는 그들의 언어입니다. 새들 또한 그들의 지저귐으로 많은 정보를 교류합니다. 수많은 동물이 그들의 몸짓과 몸에서 나는 소리를 이용해 나름의 소통 방법을 지니고 있습니다. 인간이 아직 그들의 언어를 이해하지 못한 것뿐인데 그들에게 언어가 일체 없다고 단정하는 것은 지나친 인간 중심적 주장이 아닐까요?

단지 언어만이 아닙니다. 동물들은 그들 나름의 삶의 양식이 있고, 예술이 있습니다. 바우어 새는 자신들 터전인 둥지 외에 형형색색 여러 물건으로 조화롭게 꾸민 아름다운 정원을 짓고 거기서 춤을 추며 짝짓기를 시도합니다. 비버는 댐을 짓고 원뿔형의 오두막을 짓는데, 인간이 의도적으로 그것을 훼손하면 그에 적절한 방식으로 수선합니다. 거미는 집을 지을 때 환경에 따라 설계하며, 인간이 의도적으로 거미집을 훼손하면 비버처럼 가장 효율적인 방식으로 보수공사를 해냅니다. 또 침팬지가 도구를 이용해 높은 곳에 매달아 둔 바나나를 얻어 내고 까마귀가 낚싯대의 미끼를 얻기 위해 낚싯줄을 부리로 끌어올리는 것을 보면 그들 나름대로 문제 상황을 시뮬레이션하고 원하는 바를 얻어 내는 능력이 있다는 것을 알 수 있습니다.

자아를 인식할 수 있는지를 살피는 거울실험에서 대부분의 침팬지는 거울에 비친 자신의 모습을 다른 누가 아니라 바로 자기 자신으로 인지합니다. 일부의 돌고래, 코끼리, 고릴라, 오랑우탄도 거울실험에서 자기 자신임을 알아봅니다. 이 실험을 통해 우리는 자아 정체성을 인간에게만 독점적으로 부여할 수 없음을 알 수 있습니다. 죽은 새끼를 안고 얼마간 함께 지내는 침팬지에게는 애도의 태도를 엿볼 수 있습니다. 인간을 구조하는 구조견이나 시각장애인의 안내견, 범죄 수사에서 활약하고 있는 경찰견은 동물의 냉정한 판단과 사고를 행동으로 입증해 줍니다.

이처럼 동물들은 타고난 천성에서도 놀라운 점이 많을 뿐만 아니라 꾸준한 교육까지 병행하면 얼마든지 인간과 함께 상생할 여지가 많습니다. 그렇다면 지금까지 의심했던 바, 동물과 인간이 지배관계가 아닌 대등한 입장에서 친구가 될 수 있다는 것은 인간의 착각이 아니라 실제일 가능성이 높습니다. 동물이 우리에게 말을 건네고 자신의 생각을 표현할 수 있는 존재라는 것은 상당히 그럴 듯한 가정입니다. 비록 우리가 이해하지 못했더라도 그들은 이미 우리에게 많은 생각과 느낌을 표현했을지 모릅니다.

환생을 거듭하는 강아지 이야기

반려동물과 사는 사람들은 자신의 동물 친구가 무엇을 원하는지, 자신에게 무엇을 주고 싶어 하는지 잘 알고 있습니다. 그래서 때로는 반려동물과 함께하는 것이 사람과 함께할 때보다 더 편안하고 행복하다고 합니다. W. 브루스 카메론의 《베일리 어게인》은 베일리라는 강아지의 관점에서 여러 차례 거듭한 환생을 서술한 소설입니다. 인간의 관점이 아니라 베일리의 관점에서 경험한 일과 생각을 펼치고 있어서 흥미롭습니다.

소설의 화자가 처음부터 베일리였던 것은 아닙니다. 첫 번째 삶에서는 떠돌이 엄마 개에게서 태어나 동물 보호소에서 토비라는 이름으로 지내다 안락사를 당합니다. 그다음 삶에서는 어린 소년 에단을 만나고 '베일리'라는 이름을 얻습니다. 에단과 베일리는 가장 친한 친구 사이가 되고 서로를 몹시 아낍니다. 연못 깊은 곳에 숨어 '구해 줘' 놀이를 할 때도, 누군가가 집에 불을 질러 위기에 처했을 때도 베일리는 에단을 구하기 위해 기꺼이 위험을 감수합니다. 베일리는 에단의 행운과 불행을 모두 함께 겪으며 항상 그의 곁을 지켜 주고 사랑하기를 멈추지 않았습니다. 그렇게 살다가 나이가 든 베일리는 에단의 품속에서 순수한 사랑을 간직한 채 편안하게 삶을 마감합니다.

그런데 다음 삶을 맞이한 베일리는 몹시 혼란스러워집니다. 자신은 주어진 임무를 완벽하게 완수했는데 왜 다시 개로 태어났는가에 대한 의문 때문입니다. 에단을 사랑하는 일보다 더 중요한 임무가 없을 것이라고 생각했는데, 또 다른 삶이 시작되고, 또 다른 임무가 생긴 것입니다. 그의 새 임무는 경찰견으로서 사람을 찾고 구하는 것입니다. 에단과 '구해 줘' 놀이를 해 본 경험 덕분에 자신의 임무를 잘 수행하고 '착한 개'로서의 삶을 마칩니다.

그다음 삶에서도 또 강아지로 태어나자 베일리는 더욱 의아해합니다. 더구나 아무런 임무도 없고 목적도 없이 이리저리 내몰리다가 버려지는 평탄치 못한 삶을 삽니다. 그렇게 떠돌이 개가 되어 한동안 고생을 한 후에 우연히 자신에게 익숙한 냄새들을 쫓는데, 놀랍게도 노년에 접어든 에단을 만납니다.

고독하게 홀로 늙은 에단은 전혀 다른 모습을 한 베일리를 알아보지 못합니다. 그러나 베일리의 끈질긴 노력 덕분에 에단과 함께 살게 되고 '버디'라는 새로운 이름을 얻게 됩니다. 베일리는 에단을 찾은 것이 매우 기쁘지만 혼자 사는 에단은 행복해 보이지 않습니다. 그래서 베일리는 여러 삶을 사는 동안 배운 것을 이용해 에단에게 가정을 만들어 주고 행복을 찾아 줍니다. 그리고 에단이 숨을 거둘 때에도 그의 곁을 끝까지 지킵니다. 그때 베일리는 에단을 처음 만났던 순간부터 그를 떠나보내는 마지막 순간까지의 모든 일을 떠올리며, 몇 번의 생이 바로 이 순간을 향한 것임을 이해하고 비로소 삶의 목적이 달성됐다고 느낍니다.

《베일리 어게인》처럼 동물을 의인화한 작품들이 여럿 있습니다. 이런 의인화는 흥미를 위한 허구이겠지만, 모든 내용이 현실과 상관없다고는 생각하지 않습니다. 동물들과 함께 살며 가까이 지내 본 사람이라면 소설에서 나타나는 에단과 베일리의 유대감에 공감합니다. 베일리가 여러 번 환생한다는 설정은 소설적 상상력에 근거한 것이지만 함께 사는 인간 친구를 위해 모든 것을 헌신하는 모습은 생소한 것이 아닙니다.

지금 우리에게 필요한 것은 동물과 인간의 지위를 두고 둘 중 어느 것이 우월한지 여부를 따지는 것이 아니라, 동물 역시 자연의 한 가족임을 인정하고 자연의 한 형제들을 존중하는 자세입니다. 표현이 다르고 언어가 다르더라도 인간과 동물은 얼마든지 사랑하고 존중하는 친구가 될 수 있습니다. 그런 점에서 반려동물의 죽음도 가족을 잃는 일과 마찬가지로 힘들다는 것을 인정할 필요가 있겠지요. 인생의 친구인 반려동물을 잃어 슬퍼하는 사람들에게 유난스럽다는 시선은 폭력이 될 수도 있습니다.

2부

죽음이
가르쳐 주는
삶의 의미에 대하여

내 인생 최고의 순간은 언제일까?

|

〈원더풀 라이프〉

우리는 영원히 살지 못한다는 것을 알면서도 사랑을 고백할 때 '영원히' 사랑한다고 말합니다. 어쩌다 완벽하다고 느껴질 만큼 충만한 순간을 맞이할 때도 우리는 마음속으로 그 순간이 '영원히' 지속되기를 간절히 바랍니다. 시간은 끊임없이 흐르고 어느 한순간도 붙잡을 수 없음을 아는데 왜 우리는 그런 말을 하는 걸까요? 그저 하나의 과장일 뿐이고 수사적 표현에 지나지 않는 걸까요?

인생의 어떤 특별한 순간에 이르러 그것이 영원하기를 바라는 자신의 마음은 과장도 아니고 언어적 꾸밈도 아닌 진심이 분명합니다. 물론 그런 순간은 살면서 흔히 맞이할 수 있는 것은 아닙니다. 우리의 인생 대부분은 아침에 눈뜨면 씻고 먹고 주어진 일을 기계적으로 하다가 잠드는 일을 반복하지요. 어릴 때는 학교를 중심으로, 커서는 직장을 중심으로 어제와 다름없는 오늘을 끊임없이 반복하다가 더 이상 일할 수 없는 때에 이르면 은퇴하고 그 이후로는 무료하게 지내다 병들어 죽는 것이 전부일지도 모르겠습니다. 이런 틀에 박힌 일상 속에 보석처럼 빛나는 순간이 행운처럼 다가온다면 놓치고 싶지 않은 것은 당연하지요.

고레에다 히로카즈의 〈원더풀 라이프〉는 우리 인생에서 가장 빛났던 순간을 떠올리게 합니다. 그는 이 작품을 위해 6개월간 500여 명의 사람들을 만나 '인생에서 한 가지 기억만을 선택한다면 무엇을 고르겠는가?'라는 질문으로 인터뷰를 했고, 그중 열 명을 선발하여 직접 출연하게 했다고 합니다.

인생에서 단 하나의 기억만 선택한다면?

영화 〈원더풀 라이프〉는 죽은 사람이 저승으로 가기 전에 제일 먼저 들르는 낡은 학교 같은 곳을 보여 주면서 시작합니다. 그곳은 망자가 저승으로 가기 전에 들르는 중간 지점입니다. 이곳에서는 망자를 면접하는 직원, 망자의 이야기를 영상으로 제작하는 스태프, 이곳을 총괄하는 소장 등이 지내고 있습니다. 망자는 월요일 아침에 이곳에 도착하여 자신을 담당하는 직원을 만나 인생에서 가장 소중한 추억 하나를 수요일까지 골라야 합니다. 그리고 그것을 스태프와 함께 금요일까지 영상으로 제작한 후 토요일에 모여 감상합니다. 스태프들의 임무는 망자가 영상을 보며 각자의 소중한 추억 하나를 선명하게 되살리도록 하는 것입니다. 그래야만 이들이 그 추억을 가슴에 안고 저승으로 갈 수 있기 때문입니다.

이러한 설정이 흥미롭습니다. 보통 우리는 사람이 죽으면 아무것도 없는 상태가 되거나, 믿음에 따라 천국이나 지옥 같은 곳으로 가거나 다른 존재로 환생한다고 생각합니다. 그러나 이 영화에서는 망자의 추억을 가장 중요하게 생각하고, 그 추억 하나만을 간직한 채 저승으로 간다고 설정했습니다. 생전에 얼마나 착하게 잘 살았는지, 얼마나 위대한 일을 했는지는 중요하지 않습니다. 영화에서 말하는 저승이 어떤 곳인지, 실재하는 곳인지도 중요하지 않습니다. 설령 저승이라는 것이 따로 존재하지 않더라도 상관없을 것 같습니다. 단 하나의 추억으로 한 사람의 인생을 의미 있게 만드는 방식이 그 사람의 죽음을 완성하는 방법일 수도 있으니까요.

인생 전체에서 단 하나의 추억을 꼽는다는 일이 그리 쉽지만은 않습니다. 인생 전체를 통틀어 자신의 가슴을 뛰게 했던 순간들을 모으고 그중에서 하나를 선택해야 합니다. 하루 일과를 되짚어 보는 것은 자주 해 본 사람이라면 모르지만 그렇지 않은 이에게는 그 과정이 고통스러울 수도 있고, 잘 기억나지 않을 수도 있습니다. 기억나는 순간들을 어느 정도 모았다고 해도 그중에서 어떤 기준으로 하나를 선택할지도 고민입니다. 남들이 칭찬해 주는 일이 자신에게는 대단치 않기도 하고, 과거에 가장 기뻤던 일이 시간이 지나 되돌아보니 시시하기도 합니다. 겉으로 드러난 성과의 크기로 선택할지, 즐거웠던 정도로 선택할지, 의미를 부여한 정도로 선택할지 스스로 정해야 합니다.

〈원더풀 라이프〉에 등장하는 사람 중에는 거짓으로 추억을 꾸미는 사람도 있고, 자신의 인생이 너무나 평범해서 어떤 것도 고를 수 없다고 불평하는 사람도 있고, 하나를 꼽으면 나머지를 모두 잊는 것이 싫어서 추억 고르기를 거부하는 사람도 있습니다. 그러나 면접관들은 어떻게든 이들을 설득하여 소중한 추억 하나를 가슴에 품은 채 홀가분한 마음으로 저승으로 넘어갈 수 있도록 돕습니다. 만약 거짓으로 꾸미거나 제대로 고르지 못하여 영화 감상 중에 자신이 선택한 그 순간과 완전히 하나가 되지 못하면 저승으로 떠나지 못합니다. 그러면 감상하던 그 자리에 계속 남아 있는데, 이것은 이승도 저승도 아닌 중간 지점에 영원히 머무르는 것을 의미합니다. 이 시설의 직원과 스태프가 모두 그러한 사람입니다.

20대 초반의 나이에 전사한 면접관 모치즈키는 모든 인생을 잊고 싶지 않아서 추억 고르기를 거부하고 50년째 중간 지점에서 일하는 인물입니다. 그런 모치즈키가 담당한 젊은 청년 야마모토는 그와 정반대인 이유, 즉 자신의 모든 인생을 잊고 싶다는 이유로 추억 고르기를 거부합니다. 그렇지만 추억 하나만 고르면 그 이외의 것들을 모두 잊고 선택된 하나의 추억만을 되살리고 저승으로 간다는 설명을 듣고는 다섯 살 때 추억 하나를 선택합니다. 그것은 집의 벽장 안으로 들어가 숨었을 때 느낀 어둠입니다. 벽장 속 깜깜하고 조용한 어둠을 선택한 것은 자신의 인생을 전부 잊고 싶은 마음에 가장 근접한 추억이기도 합니다. 자신의 모든 과거를 잊을 수 있는 것이 천국이라고 생각한 결과입니다.

〈원더풀 라이프〉에는 죽음 이후 중간역과 저승만 있을 뿐, 천국과 지옥이 따로 있지 않습니다. 그런데 각자가 원하는 한순간을 감상하며 그것과 하나가 될 때 비로소 저승으로 떠날 수 있다고 한 설정은 결국 자신이 가장 행복했던 그 순간으로 영원한 천국 속에서 사는 것과 마찬가지가 아닐까요? 그러니 죽음 이후에는 중간역과 천국만 있는 셈입니다.

그런데 그 천국이 꼭 죽음 이후의 것일 필요는 없을 듯합니다. '인생에서 한 가지 기억만을 선택한다면 무엇을 고르겠는가?'라는 감독의 질문은 망자에게가 아니라 사실은 살아 있는 우리에게 던지는 물음이 아닐까요? 더 나아가 자신의 가장 소중한 추억 고르기가 죽음 이후에 행할 일이 아니라 바로 지금의 우리가 답해야 할 과제로 생각한다면 이는 '나는 지금 어떤 삶을 사는가', '나는 누구인가'에 답하는 일이 될 것입니다. 이 과제는 결국 현실에서의 나의 삶이 충만하도록, 나 자신이 누구인지 떳떳이 답할 수 있도록 깨어 있게 할 것입니다.

추억을 고르지 못해 가장 곤혹스러워하는 인물은 모치즈키가 담당한 70대의 와타나베입니다. 고만고만한 학력에 고만고만한 직장에 고만고만한 인생을 살았다고 생각하는 와타나베는 자신의 인생에는 소중한 추억이라고 할 만한 것이 없다고 생각합니다. 직장을 다니고 맞선을 보고 결혼했지만, 배우자와 각별한 정을 나눈 것도 없고 자식도 없이 지내다 5년 전 사별한 뒤에는 아무 특색 없이 살았기 때문입니다. 그런데도 와타나베는 모치즈키에게 즐거운 추억을 고르기보다 자신이 '살았던 증거'일 수 있는 사건을 고르고 싶다며 허세를 부립니다. 그러나 말해 놓고 보니 그런 유치한 말이 불쑥 나왔다는 것에 머쓱해집니다. 그는 70년을 살아오면서 무의식으로라도 그런 생각을 했던 것인지 궁금해졌고, 과연 그 '살았던 증거'라는 것이 대체 어떤 것일지 스스로에게 물어보았습니다.

그런 와타나베를 위해 모치즈키는 와타나베의 인생 전체를 담은 비디오 테이프 71편을 가져다줍니다. 문제는 지루하기 짝이 없는 텅 빈 껍질 같은 자신의 인생이 담긴 비디오 테이프를 보는 것이 괴롭다는 점입니다. 화면에 비친 자신은 소년 시절에도 청년 시절에도 똑같이 허세를 부리고 말만 앞세웠지 행동이 따르지 않았던 경솔한 사람이었습니다. 그런 자신의 모습을 보며 와타나베는 초조해지기 시작했습니다. 자신이 고를 만한 추억이 하나도 없을지도 모른다는 초조함이었습니다.

중학생 요시모토는 가장 소중한 추억으로 당시 일본 청소년이라면 흔히 꼽는 디즈니랜드에 갔던 것을 꼽습니다. 무엇이 즐거웠느냐는 질문에 유명 여행지나 테마파크에 갔던 것을 말하는 사람도 많으니 이상하지는 않습니다. 그러나 가장 소중한 추억은 개인에게 의미 있는 것이어야 합니다. 물론 디즈니랜드 같은 테마파크에 놀러 간 것이 가장 소중한 추억이 될 수는 있지만, 단지 그 장소에 가 봤다는 것만으로는 충분하지 않습니다. 그곳에 간 수많은 사람과 다를 바 없기 때문입니다. 가장 소중한 추억이 되려면 그곳에서 남들과 다른 느낌을 받고 나만이 고유하게 경험한 무엇이 함께 기억되어야 합니다.

디즈니랜드 외에 다른 추억에 대해 더 생각해 보라는 면접관의 제안을 듣고 자신의 인생 전체를 되짚어 본 요시모토는 아주 평범한 추억 하나를 떠올립니다. 요시모토가 세 살쯤 된 여름, 해바라기 꽃이 피고 하얀 빨래가 흔들리는 뜰을 배경으로 엄마 무릎을 베고 누워 귀 청소를 받은 추억입니다. 요시모토가 느낀 엄마의 향긋한 냄새와 뺨에 닿는 보드랍고 따뜻한 엄마의 허벅지가 십 대가 훌쩍 지난 나이임에도 몹시 그리웠기 때문입니다. 요시모토에게 어린 시절 엄마가 해 주는 귀 청소는 디즈니랜드에 놀러 가는 것만큼 신나는 일도 특별한 일도 아니었지만, 엄마의 향기와 촉감이 요시모토가 그리워하는 소중한 순간임을 깨달은 것입니다.

이처럼 사람들이 말하는 가장 소중한 추억은 의외로 소소하고 소박합니다. '오빠가 사 준 빨간 원피스를 입고 오빠의 칭찬을 받으며 좋아하는 사람들 앞에서 춤췄던 경험'은 그동안 췄던 춤과 달리 할머니가 되어서도 특별한 사건으로 기억됩니다. 처음이자 마지막으로 자신이 조종하는 비행기 창밖으로 보았던 구름은 여느 구름과 다릅니다. 이들은 왜 이처럼 겉으로는 평범해 보이는 일상의 경험들을 가장 소중한 추억으로 선택할까요? 반면 인생의 가장 소중한 하나의 추억을 선택하지 못하는 사람은 왜 그럴까요?

느슨한 경험 VS. 하나의 경험

〈원더풀 라이프〉에서 등장인물들이 꼽은 가장 소중한 추억은 철학자 **존 듀이**John Dewey, 1859-1952가 말한 미적 경험과 통하는 면이 있습니다. 그에 의하면 경험은 능동적 요소인 행함과 수동적 요소인 겪음이 결합되고, 그 둘의 관련성을 의식할 때 생기는 것입니다. 존 듀이는 경험이 갖는 행함과 겪음의 특성을 예술에 적용합니다. 전통적으로 예술은 능동적 행위인 제작과 수동적 행위인 감상을 구분해 왔습니다. 그러나 존 듀이의 경험 개념에 근거한 예술에서는 두 요소가 결합됩니다. 이 예술에서는 제작과 감상이 상호적으로 이루어져야 합니다. 그러면서 존 듀이는 예술을 '**하나의 경험**'이라고 주장하는데, 이 '하나의 경험'의 가장 큰 특징이 반복적이고 기계적인 경험과 확연히 구별되어 하나의 사건처럼 경험된다는 것입니다.

　우리가 겪는 대부분의 경험은 외부로부터의 장애나 내면의 무기력으로 중단되곤 합니다. 오늘 하루가 어땠는가를 돌아보면 대

존 듀이

존 듀이는 경험을 중시하는 철학자이다. 그에게 경험은 살아 있는 유기체가 환경과 끊임없이 상호작용하는 과정이고 이때의 환경은 물리적 환경과 사회적 환경 모두를 포괄한다. 이러한 경험 개념의 가장 큰 특징은 능동적인 요소와 수동적인 요소가 기묘하게 결합되어 있다는 것이다. 능동적인 측면에서 경험은 시도하는 것이고, 수동적인 측면에서 경험은 겪는 것이다. 예컨대 요리라는 경험은 내가 직접 만드는 능동적인 것이면서 동시에 내가 만든 음식을 나와 가족들이 맛보는 수동적인 것이라고 할 수 있다.

부분의 시간을 기계적으로 행동했거나 무의미하게 시간을 소비하며 특별하지 않게 보냈다는 것을 알게 됩니다. 그런데 이러한 '느슨한 경험'과 달리 '하나의 경험'이 선명하게 각인되는 때가 있습니다. 어떤 경험은 내면적으로 완성되고 경험 전체의 흐름 속에서 다른 경험과 확연히 구별되어 기억됩니다. 예컨대 심혈을 기울여 무언가 하나를 완성하는 것, 고민하던 어려운 문제 하나를 시원하게 해결하는 것, 오랫동안 고민했던 고백을 만족스럽게 털어놓는 것 등이 이에 해당합니다. 이것들은 모두 하나의 완성으로, 그러한 경험이 하나의 통일체를 이루어 미적 성질을 갖는 '하나의 경험'이 됩니다. 이 '하나의 경험'에는 '그 만남', '그 이별', '그 사건'으로 이름이 붙는다는 통일성이 있습니다. 이 통일성의 존재는 경험을 구성하는 부분들의 다양성에도 불구하고 그 경험 전체에 충만한 하나의 단일 성질이 부여되며 그렇지 않은 다른 일들과 구분됩니다.

〈원더풀 라이프〉에서 인물들이 꼽은 가장 소중한 추억들이 모두 어떤 특질을 갖고 하나의 통일성을 이루는 것도 마찬가지입니다. 유치원 시절 췄던 여러 춤과 확연히 구별되는 그날의 춤과 늘 보는 창밖의 구름과 구별되는 자신이 조종하는 비행기에서 본 구름은 여느 춤, 여느 구름과 다른 하나의 사건이며, '하나의 경험'입니다.

그런 점에서 와타나베가 자신의 인생을 되돌아보며 빈 껍질과 같다고 느끼고 지리멸렬한 자신의 생에 염증을 느끼는 것은 그만큼 자신의 인생을 느슨하게 살았다는 뜻이고, 마취된 듯 기계적으로 살아왔다는 이야기일 것입니다. 그의 인생에서 취업, 결혼, 사

하나의 경험

존 듀이는 여러 느슨한 경험과 구별되어 생명력 있는 미적 경험이 되고 그것으로 인해 예술의 특성을 갖는 '하나의 경험'을 이야기했다. '하나의 경험'이 되고 안 되고는 겉으로 보이는 일이 무엇인가에 달린 것이 아니다. 이력이 아니라 경험의 주체가 자신의 경험을 어떻게 행하고 겪었는지, 그 경험을 다른 느슨한 경험들과 구별하여 생명력 있는 경험으로 만들었는지가 차이이다. 따라서 하나의 경험은 다른 누가 대신해 주거나 우연히 주어지는 것이 아니라 자신이 <u>스스로</u> 주체적으로 행하고 그 결과에 대해 되돌아보고 의미를 부여할 때 흩어지고 느슨한 경험과 구별되는 뚜렷한 특질이 생겨나면서 하나의 사건으로 깨달아지는 것이다. 예를 들어 일상적인 친구와의 대화와 달리 친구의 새로운 면을 발견하고 더 깊이 이해하게 된 날의 대화는 '하나의 경험'으로 기억된다.

별과 같은 특별한 이력들이 없었던 것은 아니지만, 그마저도 그에게는 특별한 의미가 부여되지 않았으며, 그저 스쳐 지나친 일에 불과할 뿐 '하나의 사건'으로 특이성을 갖지 못했다는 것입니다.

듀이가 말하는 예술 개념에 주목하면 예술은 물리적 대상이 아니라 경험으로 이해됩니다. 경험으로서의 예술은 누군가가 무언가를 만드는 것만으로는 충분하지 않고 예술가 자신을 포함하여 누구든 그것을 감상하고 그것의 의미를 통해 이전보다 경험이 더 확장되는 것이어야 합니다. 예컨대 고흐의 〈구두〉가 예술작품인 이유는 하나의 물리적 대상으로 미술관에 전시되어서가 아닙니다. 고흐가 〈구두〉라는 그림 속의 대상과 상호작용하며 성실하고 소박한 농부의 수고로움의 의미를 깨닫고 노동의 숭고함을 표현했듯, 그 그림과 그것을 감상하는 사람과의 상호작용을 통해 감상자 또한 감상자 자신의 삶에 반영되는 작품의 의미가 포함돼야 합니다. 그렇게 감상자의 새로운 경험의 차원이 열리고 성장의 계기가 마련돼야 〈구두〉의 그림은 비로소 예술작품이 되는 것입니다.

와타나베가 자신의 인생을 되돌아보며 하나의 소중한 추억을 선뜻 꼽지 못한 것은 취업, 결혼과 같은 중요한 일조차 자신이 적극적인 의지를 갖고 주체가 되어 한 일이 아니기 때문입니다. 그가 이룬 일은 모두 타성에 젖어 기계적으로 살다가 우연히 주어진 것에 불과했던 탓입니다. 그래서 같은 일을 하더라도 깨어 있는 사람, 노력하여 의미 부여를 하는 사람에게는 하나의 소중한 추억일 수 있는 일이 와타나베에게는 단지 지리멸렬한 시간의 일부에 지나지 않았던 것입니다.

삶은 살아 있는 예술

와타나베는 추억을 선택하는 마감 기한인 수요일이 지난 목요일에도 소중한 추억 하나를 선택하지 못합니다. 밥 먹고 신문 보고 텔레비전 보다가 자는 일이 반복되는 자신의 비디오를 보는 것도 진절머리가 나고 그동안 자신이 얼마나 생기 없이 살았는지를 깨닫습니다. 바뀌는 모습은 조금씩 나이를 먹어 가는 것뿐이라서 비참해집니다. 사실 그가 괴로운 것은 자신의 일상이 지루해 보여서라기보다 인생의 의미를 어디서도 찾을 수 없기 때문입니다. 금요일이 되어 다른 사람들이 세트장에 모여 자신이 선택한 추억을 영상으로 만들고 있는 날에도 와타나베는 추억을 선택하지 못해 괴로워합니다. 그러고는 다음과 같은 말을 내뱉으며 반성합니다.

나는 대체 자신을 어떤 사람이었다고 생각하고 싶은 것일까? 이곳에서까지 자신을 꾸미고 허세를 부리고 있지 않은가. 자기 자신에 대해서도. 그리고 모치즈키라는 청년에 대해서도. 나의 한심함이나 추함에 책임이 있다고 한다면 그건 나 이외의 누구도 아닐 것이다. 그건 내가 받아들여야 한다. 그것 또한 나의 일부니까. 지금 내게 요구되는 것은 그런 태도일 것이다.

시청각실로 돌아간 와타나베는 마침내 추억 하나를 선택합니다. 그것은 아내가 살아 있던 마지막 해에 아내와 함께 있던 오후입니다. 아내와 처음이자 마지막으로 영화를 보고 난 후 공원 벤치에 앉아서 수십 년간 되풀이해 온 시시한 대화를 나눈 때입니다. 모치즈키와 첫 면접 때에 '살았던 증거'를 선택하겠다고 거창하게 말했던 와타나베는 자신의 실제 모습을 가장 잘 드러내 주는 추억을 선택합니다. 모치즈키는 추억을 선택한 와타나베의 표정이 처음 왔을 때와 달라진 것을 보고는 보람을 느끼고 자신의 책임을 다했다고 생각합니다.

〈원더풀 라이프〉에는 참 다양한 선택이 등장합니다. 선택하지 않은 선택을 포함하여 산고의 고통처럼 오랜 진통 끝에 나온 선택도 있습니다. 허세 가득하고 유치한 자신의 모습에 실망하더라도 가장 자기다운 모습을 뒤늦게 선택하며 그것이 자신이 살았던 증거임을 인정하는 경우도 있습니다. 우리는 과연 어떤 순간을 자신의 가장 빛나는 순간으로 꼽을까요? 〈원더풀 라이프〉에서 그 순간을 하나의 영상 이미지로 만들고 자기 자신이 감상하는 과정 또한 의미심장합니다. 자신이 살아온 경험인데 그것을 이미지로 재현하여 마치 예술작품 대하듯 감상할 수 있게 한 설정이 존 듀이의 예술론에서 보면 범상치 않습니다. 이는 듀이가 예술품과 예술작품을 구분하면서 가장 중요한 요인으로 말했던 능동적 상호작용이 개입하는 과정을 조성하는 것입니다.

'인생은 짧고 예술은 길다'라는 말이 있습니다. 우리는 모두 유한한 삶을 살다 죽지만 자신의 삶에서 하나의 의미가 되는 순간을 포착하고 그것을 하나의 경험으로 간직한다면 생명의 유한성을 넘어설 수 있을 것입니다. 〈원더풀 라이프〉에서 바라보는 죽음은 참 따뜻합니다. 인생의 모든 후회와 자책, 좌절 같은 것들은 모두 지워지고 오직 자신이 의미를 부여한 그 하나의 순간만을 간직한 채 영원히 머문다고 하니 이보다 더 따뜻할 수 없습니다. 자신이 선택한 그 하나의 순간으로 자신이 어떤 인생을 살았는지 그 정체성을 스스로 밝힐 수 있다는 점에서 〈원더풀 라이프〉는 죽음이 아니라 삶을 일깨워 줍니다.

'멋지게' 죽는다는 것은 어떤 의미일까?

|

《숨결이 바람 될 때》

우리는 멋진 것을 추구합니다. 멋진 옷을 입고 싶고 멋진 집에서 살고 싶고 멋진 차를 타고 싶고 멋진 곳에 가고 싶고 멋진 일을 하고 싶어 합니다. 한마디로 인생을 멋지게 살고 싶다는 의미입니다. 그런데 우리는 한 번도 멋지게 죽고 싶다는 생각은 해 보지 않는 것 같습니다. 대체 멋진 죽음이란 것이 가능할까요? 아니면 죽음이라는 것은 어떤 상황에서도 결코 멋진 것이 될 수 없을까요?

죽음은 살고자 하는 의지가 꺾인 상태라는 점에서 멋진 것이 되기가 쉽지 않습니다. 그렇다고 모든 죽음이 의심의 여지없이 불쾌하고 추한 것인가는 의문입니다. 오래전 돌아가신 어머니의 죽음을 통해 죽음이 단지 추하고 초라한 것만은 아니라는 믿음이 생겼습니다. 어머니가 평생을 통해 베푼 따뜻한 사랑이 많은 사람에게 큰 힘이 되고 오래도록 기억되는 것을 보면 죽음은 패배와 동의어가 아닙니다. 뿐만 아니라 말기 암 상태에서 간병하던 자식의 실수로 당신의 골반 뼈가 부러졌음에도 자식의 죄책감을 덜어 주기 위해 아픈 내색 한 번 없이 의연하게 죽음을 맞이하는 어머니의 모습은 어느 누구보다도 강해 보였습니다. 고통 속에서도 그와 같은 평정을 지킬 수 있는 힘은 아마 '사랑'이라는 이름으로 발휘된 용기가 아닐까 싶습니다.

이렇게 보면 모든 사람이 죽음 앞에서 나약해지지만은 않는 것 같습니다. 어떤 사람들은 죽음을 용기 있게 맞이합니다. 누군가의 죽음이 멋있을 수 있다면 그것은 용기 덕분이 아닐까 생각합니다. 우리 주변에서도 그런 멋진 모습을 찾아볼 수 있습니다. 《숨결이 바람 될 때》의 저자 폴 칼라니티가 그렇습니다.

희망을 이룬 순간 절망을 마주하고

신경외과 의사인 칼라니티는 같은 의사이던 아버지가 늘 새벽에 출근하고 밤늦게 돌아오는 모습을 보며 자라서 처음부터 아버지나 형처럼 의사가 되려고 하지는 않았습니다. 어린 시절부터 삶을 의미 있게 하는 것이 무엇인지 늘 궁금했던 그는 문학을 전공했습니다. 그러다 심각한 뇌 손상을 입은 사람들이 생활하는 시설에서 자원봉사를 하면서 뇌가 망가져 인간관계가 끊긴 아이들을 만났습니다. 이를 계기로 인간의 열정, 갈망, 사랑과 같은 삶의 언어가 신경 세포와 어떤 관련이 있는지에 대해 의문이 생겼고, 이를 풀고자 의학으로 전공을 바꾸었습니다. 신경외과 의사가 된 이후에는 육체의 쇠락과 죽음 앞에서 인간의 삶을 의미 있게 만들어 주는 것이 무엇인가를 계속 고민했습니다.

의사는 환자의 생명을 살리는 일에 최선을 다하는 사람이지만 누구보다 죽음의 과정을 가장 가까이에서 지켜보는 사람입니다. 그 역시 여러 환자의 죽음을 목격했습니다. 처음에는 스쳐 지나가 듯이 봤지만 레지던트가 된 이후부터는 책임감과 무거운 마음으로 환자를 지켜봤습니다. 환자가 원하는 것이 죽음인지, 회복인지, 연명인지 늘 고민하면서 환자의 마음을 이해하려 노력했고, 단 1밀리미터의 뇌손상으로 열두 살 소년이 폭력적으로 변한 것을 보며 기술적 탁월함이 도덕적 요건임을 깨닫습니다. 누구보다 열심히 연구하고 노력한 칼라니티는 권위 있는 여러 상을 수상하고 대학에서 아내와 함께 교수로 채용하겠다는 제안을 받을 정도로 성공했습니다. 그런데 바로 그 시점, 그동안 꿈꿨던 것을 실현할 수 있는 최절정의 시점에 자기 자신의 죽음에 직면해야 했습니다. 그의 나이 서른다섯일 때였습니다.

암이 온몸에 전이돼 불치 판정을 받은 뒤 그는 의사의 입장에서만 보던 죽음을 환자의 입장에서 보았습니다. 보통의 환자들처럼 "암을 꼭 이길 거야!"라고 장담하거나 "왜 하필 나야?"라는 물음을 던지며 울분을 토로하지 않았습니다. 그는 의사로서 알고 있는 전문 지식이 '앞으로 아이를 가져야 할지, 생명이 꺼져가면서 아이를 키우는 것이 어떤 의미인지, 남은 시간을 어떻게 보내야 할지'에 대해 말해 주지 않는다는 것을 알았고, 그 역시 지금까지 만나왔던 환자들처럼 죽음과 마주한 채 자신의 삶을 가치 있게 만드는 것이 무엇인지를 새롭게 이해하려 했습니다.

그는 말기 암 진단을 받은 후 2년도 안 돼 사망했습니다. 그 사이 레지던트 과정을 끝까지 마쳤고, 신경외과 의사로 수술실에 복귀해 중요한 수술을 성공적으로 마쳤고, 자신의 삶을 글로 쓰기 시작했습니다. 그와 아내는 죽음 앞에서 고통을 피하는 것만이 최선은 아니라는 생각에 아이를 가지기로 했습니다. 딸 케이디가 태어나 그의 팔에 안기는 순간, 그는 자신의 이야기를 계속 써야 할 이유를 알게 되었습니다. 그는 그로부터 8개월 후 가족의 사랑 속에서 마지막 숨을 거두었습니다. 미완성인 채로 끝나는 그의 마지막 글은 딸 케이디에게 전하는 메시지로, 케이디가 있어 죽어 가는 나날이 충만한 기쁨으로 채워졌다는 고백이었습니다. 이로써 의사이자 작가로서의 삶이 마무리된 것입니다.

에픽테토스가 추구한 마음의 평정

칼라니티에게 확인할 수 있는 가장 인상 깊은 점은 그가 죽음 앞에서 흔들림이 없었다는 것입니다. 그는 자신의 생이 얼마 남지 않았다는 것을 누구보다도 더 확실히 알고 있었음에도 불구하고 희망을 포기하지 않았습니다. 또 그동안 열정을 다해 온 일들을 한순간에 그만둬야 한다는 것에 몹시 괴롭고, 얼마나 살 수 있을지 몰라 불안했지만, 죽음을 정면으로 바라보기로 결정했습니다.

그는 일생 동안 품었던 의미 있는 삶에 대한 관심만큼 죽음의 길에 무엇이 있는지를 제대로 보고자 했습니다. 《숨결이 바람 될 때》는 그가 죽어 가는 과정을 묘사하는 데 그치지 않았습니다. 죽음에 용기 있게 맞서 죽음을 초월할 수 있는 일들에 전념하며 주어진 시간을 의미 있게 살고자 했던 분투로 가득합니다. 마침내 죽음을 맞이하는 순간에는 두려움에 떠는 대신 고요하고 침착하게 가족들에게 감사와 사랑의 인사를 건네며 평온한 모습으로 떠났습니다. 대체 어떻게 하면 그처럼 의연하게 죽음을 맞이할 수 있을까요? 그의 태도를 보면 라인홀드 니부어의 기도문이 떠오릅니다.

변화시킬 수 없는 것을 받아들이는 평온함을 주시고, 변화시킬 수 있는 것을 바꿀 수 있는 용기를 주시고, 그리고 이를 구별하는 지혜도 주소서.

이처럼 변화시킬 수 있는 것과 그렇지 않은 것을 구별하는 지혜를 터득하는 일이 마음의 평정을 유지하는 비결입니다. 이러한 마음의 평정을 강조한 대표적인 철학으로는 스토아학파가 있습니다. 스토아학파의 대표적인 철학자로는 네로 황제의 스승이었던 세네카와 한때 노예였다 자유인이 된 **에픽테토스**Epictetus, 55년경~135년경와 아우렐리우스 황제가 있습니다. 이중 에픽테토스 철학을 중심으로 칼라니티의 행동을 이해해 보려 합니다. 라인홀드 니부어의 기도문 역시 스토아학파의 에픽테토스의 글에서 빌려온 것입니다.

예컨대 죽음이라는 행위를 두고 볼 때, 죽음 자체와 그에 대한

에픽테토스

에픽테토스의 목표는 참된 자아와 자유에 도달하는 길을 찾는 것이다. 이를 위해 가장 먼저 해야 할 일은 자신의 의지대로 할 수 있는 일과 그렇지 않은 일을 구분하는 것이다. 그럼으로써 자신의 의지대로 할 수 있는 일에 대해서는 최선을 다하고, 그렇지 않은 일은 있는 그대로 받아들여 마음의 고통이나 혼란을 피할 수 있다. 그에게 중요한 것은 우리가 어떤 사태에 직면하느냐가 아니라 그 사태를 어떻게 생각하느냐이다.

우리의 생각을 구분해서 보기를 제안합니다. 살아 있는 모든 존재가 마땅히 겪는 과정이 죽음이니 그 자체가 두려운 것이 아니라 죽음에 대한 생각이 두려움을 야기하는 것입니다. 죽음에 대한 생각이 우리를 두렵게 하는 것일 뿐이니 생각을 바꾸면 두렵지 않다는 의미입니다.

보통 사람들은 괴로운 일을 당하거나 슬픈 일을 당하면 다른 사람을 탓하거나 신을 원망하는데, 그러한 태도는 에픽테토스에 의하면 옳지 못합니다. 그에 의하면 무지몽매한 사람은 제 마음을 제대로 다스리지 못하고 늘 남 탓만 하는 사람이고, 깨우치기 시작한 사람은 자신을 탓하고, 이미 깨우친 사람은 자신도 남도 탓하지 않는다고 합니다. 죽음에 대해서도 그렇다는 것입니다.

남이나 나 자신을 탓하며 마음에 화를 담고 우울감에 빠지는 것은 에픽테토스 관점에서는 깨우치지 못한 사람의 태도입니다. 이러한 사람들은 우울할 뿐만 아니라 가정의 평화와 사회의 질서에도 위협이 됩니다. 최근에 집값 문제로 인한 부부싸움 끝에 배우자를 살해하고 자해한 사건이 있었습니다. 이 사건을 보면 깨우치지 못한 상황의 위험성을 알 수 있습니다. 이때 깨우친다는 것은 지식을 쌓는 것과는 관련이 없어 보입니다. 이 사건의 부부는 모두 전문직 종사자였고, 재산도 넉넉했고 신체적으로도 건강했습니다. 그럼에도 집값 문제 하나 때문에 극단적인 상황을 초래한 것을 볼 때 지식이 많고 재산이 많고 건강하고는 깨우침과는 무관함을 알 수 있습니다. 이들의 문제는 우리가 관여할 수 없는 문제를 관여할 수 있다고 생각하고 탓하는 데에 있었던 것입니다.

우리는 자신의 의지로 열심히 일해서 원하는 바를 얻고 좋은 성과를 낼 수 있습니다. 그것은 우리가 관여할 수 있는 문제이지만 건강, 재산, 명성, 평판, 권력 등과 같이 우리 자신의 것에 속하지 않아 우리 뜻대로 할 수 없는 것들을 할 수 있다고 생각하다가 그러지 못할 때 자연히 남과 나 자신과 세상을 원망합니다. 그렇게 되면 울분의 감옥에 스스로를 가두고 자신과 주변 사람들을 괴롭힐 뿐입니다. 에픽테토스의 관점에서 상대적 격차가 생기는 일은 우리 뜻대로 할 수 없는 일이니 그냥 받아들여야 할 일입니다. 그렇지만 빈곤감을 느낄 것인지 아닌지는 우리 의지로 결정할 수 있는 일인데 스스로를 비하하고 괴로워한다면 그것은 어리석은 일입니다.

에픽테토스에 의하면 우리는 인생이라는 연극에 등장하는 배우에 불과합니다. 자신의 연기 분량이 짧으면 짧은 대로, 길면 긴 대로 자신에게 주어진 역할이 무엇이든 자연스럽게 잘 소화하는 것이 우리의 몫입니다. 어떤 역할을 맡을 것인지는 우리의 소관이 아니라는 것입니다. 그렇다고 우리가 처한 상황에 마냥 손 놓고 아무것도 하지 말라는 의미는 아닙니다. 에픽테토스는 어떤 일을 당할 때 자기를 들여다보고, 그 일에 대처할 수 있는 능력을 자신의 내부에서 찾으라고 합니다. 그러니 에픽테토스의 관점에서라면 상대적 박탈감을 느끼기보다 원하지 않는 상황에 대처하는 능력을 기르는 것이 최선일 터입니다.

그렇다면 우리의 의지에 달린 것은 무엇이 있을까요? 에픽테토스에 의하면 사물이나 사건에 대한 의견, 생각, 의욕, 갈망과 같이 스스로 하는 의지적 활동이 바로 그에 해당합니다. 이렇게 우리 의지대로 할 수 있는 것들은 본래 자유로운 것이며 아무 제약이나 방해도 받지 않는 것들입니다. 그런데 살다 보면 어느 날 갑자기 건강을 잃거나 재산 손실을 크게 보거나 명예가 더럽혀지는 일이 생길 수 있습니다. 이러한 일이 벌어지는 것은 내 의지가 아니지만, 그것을 어떻게 생각할지는 나의 자유라는 것입니다.

물론 그렇게 하는 것이 쉽다고는 생각하지 않습니다. 그렇다면 어떻게 해야 자유롭게 생각할 수 있을까요? 우울하고 울분에 찬 사람에게 그 생각에서 자유롭게 벗어나라고 하면 그것이 쉽게 이루어질까요? 갑자기 암 진단을 받아 우울해하는 사람에게 그 생각에서 벗어나 남은 인생을 소중히 여기며 잘 살라고 하면 그가 우울함에서 벗어날 수 있을까요? 생각을 자유롭게 하는 것은 지식의 문제가 아니라 지혜의 문제입니다. 자신의 의지대로 할 수 있는 것과 아닌 것을 구분하는 지혜를 몸소 터득하지 못하면 아무 소용이 없습니다.

칼라니티는 자신의 뜻대로 할 수 있는 것과 아닌 것을 구분하는 지혜를 의사로서 일하면서 터득했으리라 짐작합니다. 아무리 애써도 인간의 바람대로 죽음을 피할 수 없다는 것을 익히 경험하여 알고 있었기에 자신의 갑작스런 죽음에 대해서도 누구의 탓으로 돌리지 않았던 것이라고 생각합니다.

그렇다고 그가 수동적으로 죽음을 마냥 기다리기만 한 것은 아닙니다. 에픽테토스는 노예 시절 주인에 의해 다리가 부러져 그 후 평생을 절뚝거리며 살았습니다. 그러나 그는 좌절하지 않고 "질병은 육신에 장애를 줄지언정 내 의지에는 장애가 되지 못한다. 절뚝거림은 다리에 장애가 될지언정 내 의지까지 절뚝거리게 하지는 못한다"라고 했습니다. 말기 암 진단을 받았다고 모든 것을 포기하고 죽은 사람과 다름없이 사는 것은 자신의 의지까지 암에 굴복시키는 것입니다. 비록 신체적으로는 온전치 못하더라도 목표하는 바를 포기하지 말고 자신이 할 수 있는 바에 최선을 다하는 의지를 가지라는 말입니다.

칼라니티는 그동안 수없이 관찰한 환자들을 대하듯 평정심을 유지한 채 자신의 몸을 엄밀히 분석했고 최선을 다해 병과 씨름했습니다. 이것은 죽음에 절망하고 누군가를 탓하는 태도와는 다른 것입니다. 물론 처음부터 지혜롭게 대처하기는 어려웠습니다. 그동안 열심히 해 온 일을 한순간에 포기해야 하는 현실에 좌절했고, 자신이 집도한 마지막 수술을 마치고 돌아설 때는 더 이상 기회가 없다는 것에 눈물을 흘렸으며, 가족과 함께할 시간이 얼마 남지 않았다는 것에 가슴 아파했습니다. 그러나 그는 상황을 똑바로 바라보았고, 자신의 상황에 대한 감정을 성찰하였고, 두려움과 공포를 이겨 내고자 노력했고 마침내는 에픽테토스가 추구한 마음의 평정에 도달할 수 있었습니다.

'그럼에도 불구하고' 자기 자신이 되는 용기

죽음 앞에서 마음의 평정을 유지한다는 것은 보통 사람이 도달하기 힘든 경지입니다. 그렇지만 그것만으로는 칼라니티의 불굴의 의지를 표현하기에는 미흡합니다. 그는 곧 죽는다는 것을 알면서도 작가의 꿈을 되살리며 자신의 인생에 대한 가장 진실한 마음을 담은 글을 쓰기 시작했고 아이를 낳기로 했습니다. 이는 멋진 삶에 대응하는 멋진 죽음이 아닐까 생각합니다. 그런데 진짜 멋진 사람은 남들이 멋지게 봐 주기를 바라며 멋을 내지 않습니다. 칼라니티역시 멋지게 죽음을 맞이한다는 칭찬을 듣기 위해 새로운 모험을한 것은 아닙니다. 그 자신의 진실을 밝히기 위해 한 행동이 멋지게 보일 뿐이지요.

칼라니티가 말기 암의 고통에 굴하지 않고 새로운 모험을 할 수있었던 것은, 자기 자신이 되는 용기를 발휘한 덕분입니다. 고통을 이기는 것도 용기이지만 더 이상 아무것도 아닌 존재가 되는 허무를 무기력하게 받아들이지 않고 회복 불가능한 쇠약한 모습을 넘어서서 내면의 소리에 따라 진짜 자기 자신을 창조해 낸 용기 말입니다. 그러한 창조는 용기와 사랑이 없으면 해낼 수 없습니다.

이처럼 용기를 발휘한다는 것은 멋진 일입니다. 용기는 고귀한 것을 위해 행동할 때 발휘되는 가치입니다. 미술관에서 명작을 훔치는 사람을 두고 용기 있다고 하지는 않습니다. 그 수법이 평범한 사람들은 감히 상상할 수 없는 것이라 해도 그것은 대범한 도둑질에 불과할 뿐이지 용기 있는 멋진 행동은 아닙니다. 아리스토텔레스에 의하면 고통과 죽음에 용기 있게 맞서기 위한 동기는 '그렇게 함으로써 고귀Kalos(아름답다는 뜻)하고 그렇게 하지 않음으로써 비열aischros(추하다는 뜻)해지는 무엇'이라고 합니다. 아름답고 고귀한 행동은 칭송받아 마땅한 일이며 용기는 바로 그런 행동을 하는 것이고 비열하고 추한 행동을 거부하는 것입니다.

얼핏 용기가 건강하고 힘이 센 것처럼 육체적인 것과 관련이 있다고 생각하지만, 사실 '용기'는 건강이나 힘과는 상관없이 아름답고 멋진 행동을 뜻합니다. 물론, 전장으로 향하는 군인의 용기는 국가를 위해 자신의 목숨을 바칠 준비가 되었음을 의미한다는 점에서 육체적 힘이 어느 정도 중요할 수 있지만 용기가 발휘되는 상황은 '그럼에도 불구하고' 하는 행동입니다. 사실 모든 것이 우세하여 이길 수밖에 없는 전투에서 이긴 군인을 용기 있다고 칭송하지 않습니다. 오히려 불리한 전세에서 '그럼에도 불구하고' 위험을 무릅쓴 군인을 용기 있다고 합니다. 이처럼 죽음 앞에서 멋진 모습을 보여 주는 사람들은 죽음이라는 두려운 상황, 극심한 고통의 상황에서도 '그럼에도 불구하고' 의연히 마음의 소리를 따라 자기 자신이 되는 용기를 선택한 이들입니다.

칼라니티는 오랜 시간 공들여 성취한 업적들을 모두 포기해야 하는 절망적 상황 속에 있으면서도 '그럼에도 불구하고' 자신의 이야기를 글로 쓰기로 했고, 아이를 갖기로 했습니다. 삶과 죽음의 경계에서 '그럼에도 불구하고' 자신이 누구이고, 자신이 무엇을 할 수 있는지를 치열하게 성찰하고 진솔하게 보여 주었습니다. 《숨결이 바람 될 때》는 비록 미완성으로 끝났지만 작가가 직면한 현실을 꾸밈없이 드러냈다는 점에서 그 자체의 멋진 완성이라고 할 수 있습니다.

아무것도 기대할 수 없어도 살아야 할까?

|

《죽음의 수용소에서》

우리의 아침은 기대로 시작합니다. 오늘의 계획과 그것을 마쳤을 때의 성과에 대한 기대, 만날 사람들에 대한 기대, 새로 맛볼 경험들에 대한 기대, 달콤한 휴식에 대한 기대 등이 하루를 시작하게 하는 힘입니다. 만약 아무 계획도 없고, 아무 일정도 없고 아무 즐거운 것도 기대할 수 없다면 잠자리에서 일어나는 시간은 늦어집니다. 해야 하는 일은 있는데 그 일이 너무 지루하고 그 일을 해야 할 의욕도 없고, 그 일에서 아무런 의미를 찾을 수 없어 권태에 빠져 있을 때도 마찬가지입니다.

만약 그런 일상이 반복되면 어떻게 될까요? 아무것도 기대할 수 없는 무의미한 상황 속에서 자신의 인생에서 남은 것이라곤 지겨움과 권태밖에 없다면 우리는 뭔가를 할 마음이 전혀 생기지 않습니다. 더 심각한 상황도 상상해 볼 수 있습니다. 자신의 삶이 집어던져 버리고 싶은 쓰레기 같다는 생각이 들면 그때는 차라리 죽어버리는 것이 낫겠다고 생각하지 않을까요?

기대나 의미라는 것이 주관적인 심리상태인 만큼 '아무것도 기대할 수 없는 상황'이라는 것은 사람마다 다릅니다. 사랑하는 사람으로부터 이별 통보를 받는 것이 누군가에게는 죽고 싶을 정도로 아픈 상처이지만 다른 누군가에게는 똑같은 상황에서도 달리 생각하고 자신의 모습을 반성하여 더 나아지는 기회가 될 수 있습니다. 이처럼 서로 다른 두 태도가 떠나간 연인에 대한 열정의 차이 때문일까요? 그보다는 자신이 바꿀 수 없는 상황인 것을 인정하고 자신이 할 수 있는 최선에 집중하려는 태도를 갖느냐의 차이가 아닐까요?

　기대할 바가 없고 삶이 무의미하다고 느끼는 것이 얼마나 주관적인가는 극단적 선택을 하는 사람들을 보면 알 수 있습니다. 성적도 우수하고 가정환경도 안정적이고 몸도 건강한데 극단적 선택을 하는 사람들이 있습니다. 남들이 부러워하는 대학에서 미래가 보장된 공부를 잘하면서도 정작 당사자는 삶에 아무것도 기대할 것이 없고 의미가 없다고 생각하기도 합니다. 겉으로는 아무 문제 없어 보이는데 자신의 삶에 기대할 것이 없다고 생각하고 무의미에 시달리는 사람들이 생겨나는 이유는 무엇일까요? 우리는 살아가는 데에 가장 중요한 먹고사는 것이 해결됐음에도 왜 만족하지 못하는 것일까요?

인간은 의미를 추구하는 존재다

인간과 침팬지의 DNA를 비교해 보면 거의 대부분 일치해서 인간이 동물과 전혀 다른 존재라는 생각을 하지 않게 됩니다. 인간 행동을 이해하고 치료하기 위해 동물실험을 하거나 침팬지에게 수어를 가르쳐 소통하는 실험을 보면 더욱 그렇습니다. 그런데 인간은 동물처럼 생존과 번식에만 만족하지 않는다는 차이점은 인정해야 합니다. 만약 인간이 동물처럼 행동했다면 지금과 같은 문화와 문명의 발전을 누릴 수 없었을 것이고, 전 세계의 자살자 수가 이처럼 많지 않았을 것입니다.

자살 문제는 세계 어느 나라보다 우리나라가 가장 심각합니다. 우리는 2000년대 중반 이후 OECD 국가 중 자살률 1위를 꾸준히 유지하고 있고, 2011년에는 인구 10만 명당 자살자가 31.7명이라는 역대 최대 숫자를 기록한 바 있습니다. 게다가 다른 나라와의 비교를 떠나 10대, 20대, 30대의 사망 원인 1위가 자살이라는 사실은 심각한 문제입니다. 가장 활기차고 의욕적인 나이에 사회적 안전망까지 잘 갖춰진 나라에서 극단적인 선택을 하는 젊은이들이 많다는 것은 무슨 의미일까요? 생존과 번식에 대한 욕구가 가장 왕성할 나이에 이와 전혀 다른 선택을 한다는 점에서 동물과의 차이를 확연히 깨닫게 됩니다. 인간의 DNA와 외형적 특징은 동물과 크게 다르지는 않지만 그것으로는 도저히 설명할 수 없는 인간 존재의 고유한 특성에서 해답의 실마리를 찾아야겠습니다.

빅터 프랭클

오스트리아에서 신경정신과 의사로 왕성하게 활동하던 그는 3년간 강제수용소에서 생활하며 의미를 찾지 못해 자살하는 사람이 있는 반면, 생존하기 어려운 극한의 상황에서도 의미 덕분에 삶을 이어 간 사람들이 있다는 것을 확인하고 자신을 생존하게 하는 힘이 의미라는 것을 깨닫는다. 일본, 북한, 베트남 등에서 오랜 시간 포로수용소 생활을 견딘 사람들 역시 자신을 기다리고 있는 사람이나 무언가를 떠올리며 생존을 이어 갔는데 이처럼 인간의 생존은 '무엇을 위해서' 또는 '누구를 위하여'라는 지향점에 좌우된다는 것이다.

빅터 프랭클Viktor Emil Frankl, 1905-1997은 《의미를 향한 소리 없는 절규》에서 인간은 항상 의미에 다다르려 하는 '의미에 대한 의지'를 가지고 있다고 합니다. 그러나 한편에서 이런 욕구는 실제 있는 것이 아니고 단지 신념일 뿐이라는 반박과, 인간을 너무 높은 곳에 올려놓고 과대평가한다는 비난이 일었습니다. 그러나 프랭클이 1949년에 처음 의미에 대한 의지를 제시한 이후 여러 학자가 실험과 조사를 통해 검증한 결과 그것이 단지 신념이 아니라 실제 사실이라는 것이 입증되었습니다.

존스홉킨스 대학이 국립정신병원의 의뢰를 받아 48개 대학 7948명의 학생을 조사한 결과, 삶의 첫 번째 목적이 무엇이냐는 질문에 16퍼센트만이 "돈을 많이 버는 것"이라고 대답했고, 78퍼센트가 "내 삶의 의미와 목적을 찾는 것"이라고 대답했습니다. 이 밖에 여러 대학에서 실시한 연구 조사에서도 직장인이 직업을 갖는 목적을 중요한 순서대로 나열하게 했을 때 돈보다도 의미 있는 경력에 관심을 두고 있다는 결과를 얻었습니다. 체코의 심리학자 플래노바는 의미에 대한 의지가 다른 욕구로 대체될 수 없는 특별한 욕구이며, 정도에 있어서는 사람들에 따라 다양하게 나타난다는 사실을 입증했습니다. 이 욕구가 충족되지 않으면 신경증과 우울증을 겪게 되고 자살 충동의 근본 원인이 된다는 것입니다.

이처럼 인간이 의미를 찾는다는 것은 안전하게 지내고 싶고, 인정받고 싶어 하는 등 여러 기본적인 욕구를 모두 채운 이후에 의미 있는 삶을 살고 싶은 욕구를 추구하는 차원이 아닙니다. 신체적 욕구를 충족하고 타인과의 친밀감을 유지하며 사회관계를 잘 맺는 심리적 욕구가 필수적인 만큼 의미를 추구하는 것은 인간에게 매우 중요한 욕구이며, 정신 건강을 판단하는 기준입니다. "자신의 삶을 무의미하다고 여기는 사람은 단순히 불행할 뿐만 아니라 삶에 적응하기 힘들다"라고 알버트 아인슈타인이 말했듯이, 의미의 충족은 생존과 깊은 연관을 갖는 인간만의 '생존 가치'라 할 수 있습니다.

프랭클은 의미를 '자아 초월 능력'이라고 하며, 이것이 인간을 자기 자신으로 살게 하는 힘이라고 합니다. 그런데 자기 자신으로 산다는 것은 무슨 의미일까요? 그것은 다른 사람들이 사는 것을 그대로 따라 사는 것이 아니라 다른 사람과 구별되는 나, 즉 내가 누군가에게 책임을 지고, 내가 누군가의 사랑을 받고, 내가 아니면

할 수 없는 일, 다른 누군가로 대체될 수 없는 나의 고유한 특성을 지니며 사는 것이라고 생각합니다.

물론 이런 의지가 있다고 반드시 살아남을 수 있다는 것은 아닙니다. 의미와 목적은 생존의 필요조건이지 충분조건은 아닙니다. 그러나 그러한 의지가 있는 것과 없는 것에는 적어도 한 가지 차이는 있습니다. 의미와 목적이 있다면 언제 어디에서든 고개를 들고 죽음조차 의연하게 맞이할 수 있다는 것입니다.

인간이 자신보다 보살피거나 사랑해야 할 어떤 사람, 어떤 대상을 지향하여 자신의 삶에 의미를 부여하고자 하는 의지가 얼마나 큰 힘을 발휘하는지는 《죽음의 수용소에서》에 잘 드러나 있습니다. 강제수용소는 문자 그대로 '아무것도 기대할 수 없는 상황'입니다. 그러나 생존자의 증언을 통해 그런 상황에서도 인간은 무엇을 지향하며 인간다움을 잃지 않았는지 살펴볼 수 있습니다.

누군가는 기적적으로 살아남는다

프랭클의 인생은 제2차 세계대전을 거치며 크게 바뀝니다. 나치에 의해 가족들과 뿔뿔이 흩어지고 기차 한 칸에 80명이 포개져 있다시피 한 채 몇 날 며칠을 달려 유대인 도살장이라 불리는 아우슈비츠 수용소에 도착한 프랭클은 입고 있던 옷과 신발을 뺏기고 온몸의 털마저 깎인 채 축사 같은 곳에서 수감 생활을 시작했습니다. 그곳에서는 추위와 헐벗음, 배고픔뿐만 아니라 철로를 만들어야 하는 강제노역이 기다리고 있었습니다.

　수용소에 도착한 수감자들은 가장 먼저 '충격'을 경험합니다. 레싱은 "이 세상에는 사람의 이성을 잃게 만드는 일이 있는가 하면, 더 이상 잃을 이성도 없게 만드는 일도 있다"라고 말했는데 수용소 생활이 바로 후자였습니다. 희망의 여지는 조금도 없었고 매 순간 죽음의 공포가 위협할 뿐이었습니다. 이러한 상황 속에서 자살을 떠올리는 것은 자연스러운 일이었습니다.

　수용소에서 자살은 아주 간단했습니다. 수용소의 담벼락에는 전기가 흘렀고 그것에 닿기만 하면 목적을 달성할 수 있었으니까요. 수감자들이 수용소에 갇혔을 때 받은 충격은 너무도 커서 역설적이게도 모든 감각을 마비시켜 죽음조차 두렵지 않게 했습니다. 공포에 무감각해지는 것은 정신적으로는 죽은 바와 다름없는 상태가 되는 것입니다. 처음에는 가족에 대한 그리움이 너무 간절해져서 끝내는 모든 감정이 완전히 소진되고, 이후에는 짐승보다 못한 취급을 받는 자기 자신과 자신을 둘러싼 모든 것에 혐오감을 느끼고 마침내는 주변 모든 것에 정상적으로 반응할 수 없게 됩니다. 그래서 자신의 눈앞에서 아무리 참담한 광경이 펼쳐져도 감정적 동요가 전혀 생기지 않는 상태에 이릅니다. 설령 옆에서 누군가가 쓰러져 죽는다 해도 아무 반응도 하지 않다가 그가 먹다 남은 썩은 음식이나 신고 있는 닳아빠진 신발, 걸치고 있는 누더기 같은 옷가지들을 무표정하게 가로채기도 합니다.

　이러한 무감각의 상태가 지속되면 가장 최악의 상황에 이르는데 그것은 자신의 미래에 대해 어떠한 기대도 하지 않는 것입니다. 이러한 상태는 대체로 이른 아침에 알아볼 수 있습니다. 무기력해진 수감자가 세수나 옷 입기 같은 기본적인 것을 거부하고 주변에서 누가 뭐라든 때리든 위협하든 아랑곳하지 않고 자리에서 일어나는 것을 거부하는 것이 바로 그러한 상태입니다. 꼼짝도 않고 그냥 누워 있으려고만 하는 이러한 모습은 세상 어떤 것에도 더 이상 간섭받고 싶지 않다는 태도입니다. 이러한 증상은 미래에 대한 일체의 모든 기대와 믿음을 상실했을 때 나타나는 현상으로 정신적으로나 육체적으로 퇴락의 길로 접어들어, 극단적으로는 얼마 지나지 않아 죽음에 이르게 됩니다.

그런데 이처럼 '아무것도 기대할 수 없는 상황'인 수용소에서도 누군가는 기적적으로 살아남았습니다. 살아남은 사람들이 먼저 세상을 떠난 사람들보다 신체가 건강한 것도 아니었습니다. 건강이나 젊음이 비결이 아니라는 것은 여러 증거로 확인할 수 있습니다. 대개 육체적으로 힘들면 정신적으로 힘들 것이라고 합니다. 물론 육체와 정신의 상관관계는 분명히 존재합니다. 심리적으로 지나치게 긴장하면 배탈이 나거나 두통이 생기고, 몸에 병이 생기면 우울함이 찾아들듯 말입니다. 그러나 육체가 편안해도 마음이 불편한 경우가 있는 것처럼 육체가 고통스러워도 마음은 그렇지 않은 경우가 있습니다. 아무것도 기대할 수 없는 죽음의 수용소에서 프랭클이 살아갈 힘을 처음 깨달은 것은 누군가의 속삭임 덕분이었습니다.

감시병의 고함과 폭력 속에서 강제노역을 하던 어느 날, 차가운 바람 때문에 어느 누구도 입을 열 엄두를 내지 않을 때 비틀거리며 걷고 있던 한 수감자가 "만약 아내가, 우리가 지금 이러고 있는 꼴을 본다면 어떨까요? 제발이지 지금 우리가 당하고 있는 일을 몰랐으면 좋겠소"라고 속삭이자 프랭클의 마음에는 자신의 아내가 선명하게 떠올랐습니다. 아내의 웃는 모습과 목소리와 용기를 주는 눈빛이 떠오르더니 밝게 빛났습니다.

그 순간 한 가지 생각이 그의 머리를 관통했습니다. 수많은 사상가와 시인이 외쳤던 최고의 지혜이자 하나의 진리가 그의 생애 처음으로 생생하게 다가왔습니다. 그것은 바로, 인간이 추구해야 할 궁극적이고 가장 숭고한 목표이자 진리인 '인간에 대한 구원은 사랑을 통해서, 그리고 사랑 안에서 실현된다'는 것입니다. 이 진리를 깨닫자 프랭클은 자신이 간직하고 있는 사랑하는 아내의 모습을 떠올리는 것만으로도 육체적 고통을 견딜 수 있었고 내면적으로는 충족감을 느낄 수 있었습니다. 이 세상에 아무것도 기대할 것이 없는 상황이라 하더라도 마음속에 사랑을 떠올릴 수만 있다면 어떻게든 살아갈 힘을 얻을 수 있다는 것입니다.

사실 그 당시 프랭클은 아내의 생사조차 알 수 없었습니다. 그러나 사랑은 내적인 자아 안에서 더욱 깊은 의미를 갖기 때문에 존재나 생존 여부는 크게 중요한 것이 아닙니다. 설령 그의 아내가 이미 죽었다 해도 아내에 대한 프랭클의 굳건한 사랑은 아무도 방해할 수 없으니까요. 이처럼 아무리 열악한 상황에 처하더라도 마음에 집중하면 누구도 방해할 수 없는 자신만의 내면세계에서 피난처를 갖는 것이 큰 힘이 됩니다.

내면세계의 문이 이렇게 한 번 열리자 지금까지 보지 못했던 것들이 보이기 시작했습니다. 자연의 아름다움이 그것입니다. 짐짝처럼 엉켜 수용소로 향하는 호송 열차 속에서도 작은 창살 너머로 석양빛이 찬란하게 빛나는 광경을 바라보는 수감자들의 얼굴은 더 이상 삶과 자유에 대해 모든 것을 포기한 사람들의 얼굴이 아니었습니다. 자연의 아름다움에서 위안을 찾는 것은 특별한 교육이나 훈련 없이도 누구에게나 가능한 일입니다. 죽도록 피곤한 몸으로 막사 바닥에 앉아 희멀건한 수프 그릇을 들고 있던 어느 날 누군가 달려와 지금 당장 해가 지는 멋진 풍경을 보자고 외칠 때 수감자들은 자연의 아름다움을 놓치지 않기 위해 뛰어나가 아름다움 속에서 모든 근심을 씻기도 했습니다. 이처럼 자연이 만든 예술이 주는 자유로움 또한 살아갈 힘을 주었습니다. 수용소라고 해서 예술이 불가능한 것은 아니었으니까요.

수감자들은 가끔 수용소 바닥을 깨끗이 치우고 노래를 부르고 시를 낭송하고 즉흥극을 만들었습니다. 배고픔과 강제노역에 시달린다 해도 이때만큼은 모두 활기에 차 있었습니다. 어떤 수감자는 하루에 한 번 나오는 배식을 포기하면서까지 즉흥극을 즐기러 왔습니다. 허기진 뱃속을 채우는 것보다 영혼의 자유를 누리는 것이 더 큰 힘이 되기도 합니다. 수용소라는 암울한 상황에서도 수감자들이 꾸미는 즉흥극에는 희극적 요소가 있었습니다. 희극의 바탕인 유머는 영혼을 건강히 지켜 주는 힘이 됩니다. 절망적인 상황에도 유머를 잃지 않는 것은 현실의 고통을 이기고 참혹한 운명의 무게감을 덜어 주는 방편이 되기도 합니다. 이처럼 예술은 부유하고 여유로운 사람들만을 위한 것이 아님을 알 수 있습니다.

그러나 아무리 사랑하는 사람을 떠올리고, 자연과 예술의 아름다움을 경험하고 현실의 고통을 유머로 덜어 낸다 해도 죽음의 수용소와 같이 극한의 상황에서 인간으로 살아남으려면 또 다른 싸움에서 이겨야 합니다. 그것은 바로 자기 자신이 짐승이 아니라 인간이라는 것을 입증하는, 인간으로서 자존심을 지키는 싸움입니다. 이러한 싸움을 하지 않으면 인간다움을 망각하고 생각이나 의지가 전혀 없는 짐승과 같은 수준으로 전락하기 때문입니다. 이때 자기 자신과의 싸움은 자유를 빼앗으려고 위협하는 부당한 권력에 복종할 것인가 말 것인가를 선택하는 것입니다.

수용소에서 어떤 사람들은 권력에 복종하고 자유와 존엄성을 잃은 노예가 됐지만 모두가 그런 것은 아닙니다. 그곳에서도 인간다움의 가치를 지킨 사람들이 있었습니다. 과연 무엇이 이처럼 극단적으로 다른 결과를 가져올까요? 이러한 극단의 모습은 다른 누가 정해 주는 것이 아니라 순전히 개인의 자유로운 선택에 따른 결과입니다. 극심한 상황에서도 내적인 자유와 인간의 존엄성을 지키는 선택을 할 수 있습니다. 물론 이러한 선택만으로는 죽음 자체를 피할 수 없습니다. 그렇지만 어떤 사람으로 죽을 것인가는 스스로 자유롭게 선택할 수 있습니다.

의미를 발견하는 세 가지 가치 영역

프랭클은 수용소 생활 이후 삶에서 의미를 발견할 수 있는 가치들을 세 가지 영역에서 찾았습니다. 바로 창조적 가치, 경험적 가치, 태도적 가치입니다. 창조적 가치는 개인이 활동을 통해 실현하는 가치입니다. 그러나 반드시 거창한 일을 창조할 필요는 없습니다. 작은 일이라도 자신이 제대로만 해낸다면 삶이 가치 있다고 생각하는 것입니다. 창조적 활동은 살면서 무엇을 만들거나 생산하는 것과 관련된 것을 말합니다. 그래서 작품을 만들거나 예술을 추구하는 것 외에도 일과 취미 또는 자녀 양육이나 돌봄 등의 일도 창조라고 볼 수 있습니다.

뛰어난 예술가나 학자, 전문가만이 아니라 모든 사람은 각자의 삶에서 자신의 삶의 의미를 발견하고 충족할 수 있습니다. 주어진 상황에 끌려가는 것이 아니라 상황을 좀 더 개선하거나 새롭게 창조하는 일은 보람과 긍지를 불러일으킵니다. 그러나 똑같은 일을 한다고 모든 사람이 똑같이 창조적 가치를 느끼는 것은 아닙니다. 창조적 가치를 실현하기 위해서는 무엇보다 자신에게 주어진 고유한 일에 책임을 자각해야 합니다. 그리고 자신의 시간과 노력을 들일 만한 가치 있는 어떤 일을 함으로써 사회에 공헌하고 자기 자신을 사람답게 만든다는 데서 의미를 발견합니다.

같은 일을 해도 스스로 원해서가 아니라 기계처럼 아무 생각 없이 건성으로 한다면 어떤 의미도 발견할 수 없고 창조적 가치도 느낄 수 없습니다. 의미는 일의 종류나 일에 대한 보상이 아니라 일에 대해 동기와 책임감을 느끼고 몰입할 때 생깁니다. 예컨대, 강제수용소에서 수감자들이 수용소 바닥을 깨끗이 치우고 노래를 부르고 시를 낭송하고 즉흥극을 만든 것은 자신들이 짐승이나 노예가 아니라 인간임을 잊지 않기 위한 창조적 행위입니다.

두 번째로 경험적 가치는 다른 사람이 창조해 놓은 것을 경험함으로써 느끼는 가치입니다. 이러한 경험은 예술작품을 감상하거나 자연에 감동할 때 외에도 누군가의 학문적 결과를 깊이 이해한다거나 누군가와의 진실한 만남에서도 얻을 수 있습니다. 어떤 대상을 접한 뒤 그것을 생각하거나 느껴서 나의 것으로 만들 때 생깁니다. 앞에서 수감자들이 해가 지는 멋진 풍경을 함께 감상하며 아름다움 속에서 모든 근심을 씻은 것이 바로 경험적 가치를 느낌으로써 삶이 의미 있게 된 순간입니다. 창조적 가치는 능동적 요소이고 경험적 가치는 수동적 요소로 볼 수 있습니다.

또 진리, 사랑 같은 것에 깊이 빠져드는 경험을 함으로써도 경험적 가치를 느끼고 의미를 얻습니다. 건성이 아니라 온 마음을 열어 친구의 이야기를 들어 주기, 감각적 쾌락을 위해서가 아니라 연인과 깊은 유대감을 느끼고 그 안에서 사랑 느끼기, 형식적으로가 아니라 부모님의 마음에 진심으로 감사하기와 같이 다른 사람과 사랑을 경험함으로써 실현됩니다. 이때의 사랑은 그저 단순한 좋은 느낌에 그치는 것이 아니라 상대의 존재 자체를 있는 그대로 받아들임으로써 충만함을 느끼는 것입니다. 진정한 만남은 자신의 존재와 상대의 존재를 소중한 것으로 깨닫게 해 주고, 서로의 잠재능력을 파악하고 그 능력이 발휘될 수 있도록 도와주는데, 이러한 경험이 삶의 의미를 부여합니다.

프랭클은 능동적 요소인 창조적 가치와 수동적 요소인 경험적 가치를 구분하여 설명하고 단계적으로 설명했지만, 이것이 꼭 서로 구분되어 독립적으로 있는 것은 아닙니다. 오히려 그 두 요소는 상호작용한다고 볼 수 있습니다. 사랑하는 사람의 잠재력을 느끼는 것은 수동적 요소인 경험적 가치이지만 그것이 잘 발휘되도록 돕는 것은 능동적 요소인 창조적 가치입니다. 예를 들어 사랑하는 아이를 낳고 돌보는 것은 능동적 요소인 창조적 가치이지만 그 아이가 크는 것을 보며 기뻐하고 감격하는 것은 수동적인 요소인 경험적 가치입니다. 창조적인 활동과 경험적 반성 또는 감상의 행위는 분리될 수 없고, 구분하여 단계적으로 이루어지는 것이기보다는 서로가 영향을 미치며 연속해서 성장하는 것이라고 봐야 할 것입니다. 존 듀이의 경험론에 의하면 경험의 능동적 요소와 수동적 요소가 각자 분리되어 따로 존재하는 것이 아니라 상호작용하며 연속해서 성장하는 것으로 보는데, 그러한 입장이 프랭클의 능동적 요소인 창조적 가치와 수동적 요소인 경험적 가치에도 적용될 수 있습니다.

마지막으로 태도적 가치는 창조적 가치나 경험적 가치를 발휘할 수 없는 극단적인 상황 속에서 인간의 자유를 통해 자신의 존엄성을 지킬 수 있는 최후의 가치입니다. 불가피하게 맞닥뜨린 운명을 우리 마음대로 되돌릴 수는 없어도 그 운명을 어떻게 받아들일지는 선택할 수 있습니다. 절망적인 상황에서 분노만 느끼고 끝나 버릴 수도 있지만, 한편으로는 그런 상황에서도 자신이 겪는 일의 의미를 찾고 품위 있게 대처할 수도 있습니다. 되돌릴 수 없는 똑같은 죽음이라도 그에 대처하는 자신의 태도를 선택할 수 있다는 점에서 삶의 의미를 찾는 것입니다. 태도적 가치는 창조적 가치나 경험적 가치에 비해 매우 제한적인 것처럼 보이지만, 감당하기 어려운 시련 속에서 가질 수 있는 가장 심오한 의미입니다. 강제수용소에서 고개를 똑바로 들고 의연하게 죽음을 맞이하는 이들이 그 가치를 깨달은 사람들입니다.

프랭클은 태도적 가치를 통해 인간이 불가항력적으로 받아들여야 하는 어떠한 극심한 상황 속에서도 의미를 발견할 수 있다고 주장했습니다. 그런데 이 태도적 가치는 불가항력적인 것에 한에서만 의미를 지닐 수 있습니다. 어떤 사실을 너무 성급하게 운명으로 받아들이고 포기하거나 운명에 굴복해 버리는 것은 경계해야 할 일입니다. 태도적 가치는 더 이상 창조적 가치와 경험적 가치를 실현할 가능성이 없을 때 최후의 수단으로써만 발휘해야 합니다. 상황을 바꿀 수 있다면 바꾸는 데 집중해야 합니다. 상황을 바꿀 여지가 있다면 인내와 용기를 가지고 상황을 바꾸도록 해야 합니다. 피할 수 있는 고통을 극복할 의지가 부족하여 견디기만 한다면 그것은 무의미한 고통일 뿐이며, 어리석은 태도에 지나지 않습니다.

태도적 가치를 창조적 가치와 경험적 가치를 실현할 수 없는 단계에서 취할 수 있는 가치라고 말한 프랭클의 주장 또한 지나친 구분일 수도 있습니다. 물론 불가항력적인 상황이 아니라 상황을 바꿀 수 있는데도 성급하게 단념하는 태도는 의지가 약한 것이라는 주장에 동의합니다. 그러나 태도적 가치를 발휘할 때 고통과 운명을 감수한다는 점에서 경험적 가치를 얻을 수 있고, 자신의 인생에 대해 일정한 태도를 유지하며 자신이 정한 의미로 삶을 완성한다는 점에서 보면 창조적 가치도 가능하다고 생각합니다. 앞서 창조적 가치와 경험적 가치가 상호작용하며 함께 이루어질 수 있다고 말한 바와 같이 태도적 가치 안에서도 창조적 가치와 경험적 가치가 함께 협력할 수 있을 것입니다.

프랭클은 이론의 구조화를 위해 세 가지 가치를 엄격히 구분하고 단계적으로 설명했지만, 실제로는 세 가치가 모두 상호작용하고 협력하여 우리가 어떤 상황에 처하든 개인의 자유로운 의지로 얼마든지 삶을 의미 있게 만들 수 있습니다. 삶에 의미를 주는 가치가 어떻게 작동하는가에 있어서는 차이가 있겠지만, 우리 상황이 삶의 의미를 만들어 주는 것이 아니라 그 상황을 대하는 우리 자신의 의지와 자유로운 선택이 의미를 만들어 준다는 데 있어서는 다를 바가 없을 것입니다.

심리치료사인 프랭클은 '로고테라피(의미치료)'라는 새로운 분야를 개척했습니다. 그는 수용소의 간수와 수감자를 악마와 천사로 나누는 대신 모든 인간의 본성에 선과 악이 혼재되어 있고, 그 밑바닥에는 '의미를 찾고자 하는 의지'가 있음을 찾아냈습니다. 이러한

로고테라피(의미치료)

당시 심리치료의 주류였던 프로이트 학파는 쾌락을 인간의 원초적 동
력으로 보았지만 로고테라피에서는 '의미를 찾고자 하는 의지'를 원초
적 동력으로 보았다. 프랭클은 사람들로 하여금 자신의 삶의 의미와 직
접 대면하고 미래를 향해 나아갈 수 있도록 도와주려 했다. 강제수용소
에서의 체험 이후 그는 인간에게는 식욕, 수면욕, 성욕과 같이 신체적
욕구와 타인과의 친밀감, 권력이나 명예를 추구하는 심리적 욕구 못지
않게 삶의 의미를 추구하는 정신적인 욕구가 있다는 것을 밝혔고, 삶의
의미는 각자가 자신이 처한 상황에서 시간과 노력을 들여 얻을 수 있는
것이므로, 매 상황에 따라 변하기는 하지만 살아 있는 한 인간은 끊임없
이 삶의 의미를 추구하는 것으로 보았다. 또 신체적 욕구와 심리적 욕구
가 충족되지 않더라도 정신적 욕구를 추구할 수 있다고 보았다.

발견이 그가 수용소에서 겪은 시련에 큰 의미를 부여했습니다. 그
런데 시련의 의미를 안다고 해서 무조건 행복해지는 것은 아닙니
다. 그의 삶은 확실히 행복과는 거리가 있었습니다. 그는 수용소
의 피폐한 상황 속에서 아내에 대한 사랑을 떠올리며 살아갈 힘을
얻었지만, 전쟁이 끝난 후 그는 아내와 가족들을 만날 수 없었습니
다. 가족 모두 강제수용소에서 목숨을 잃었기 때문입니다. 이러한
시련에도 불구하고 그는 삶이 무의미하다고 좌절하지 않았습니다.
오히려 그러한 시련을 겪게 한 자신의 삶이 자신에게 무엇을 기대
하고 있는지에 귀를 기울였습니다. 이것은 우리가 삶으로부터 무
엇을 기대하는가를 묻는 보통 사람의 일반적 태도와는 정반대 자

세로, 그는 그러한 물음 대신 우리가 삶으로부터 질문을 받고 있다고 가정하는 코페르니쿠스적 전환을 시도합니다.

이런 관점에서 보면 삶의 시련이 마냥 두렵지만은 않습니다. 불가피한 삶의 시련을 자기 운명이라고 여기면, 시련은 다른 것과 구별되는 자신만의 유일한 과제가 됩니다. 지금 당장은 힘들지 몰라도 이 시련이 미래에 어떤 역할을 하게 될지 기대한다면 자신의 개별성과 독자성과 유일성을 확신할 수 있습니다. 이러한 확신은 시련을 겪는 자신을 대신할 사람이 세상에서 아무도 없다는 생각에 이르고, 삶에 대한 전적인 책임감이 생겨납니다. 프랭클은 이 책임감이야말로 그 어떤 극심한 시련도 견디게 했던 원천이었다고 고백합니다. 우리 역시 우리를 기다리고 있을 사랑하는 사람과 아직 완성하지 못한 자신의 일에 대해 책임감을 강하게 느낄 때, 모든 것을 포기하고 좌절하는 대신 주어진 시련에 답하며, 그것을 견디고 살아야 할 이유를 찾을 수 있습니다.

무엇을 위해 살고 무엇을 위해 죽을 수 있을까?
|

《인간의 대지》

우리는 살면서 자신이 살아가는 이유를 명확히 알고 있을까요? 처음에는 그냥 숨 쉬며 살아 있으니까 사는 것이 아닐까 생각합니다. 그러다 부모님의 사랑에 보답하고 부모님을 기쁘게 해 드리기 위해 살고, 새로운 가족이 생기면 잘 돌보기 위해 살아갑니다. 그밖에는 일이든 권력이든 돈이든 재능이든 자신이 원하는 것을 얻고 목표를 달성하기 위해 살아가기도 합니다. 그런데 만약 삶의 이유나 목표 없이 산다면 그 모습은 어떨까요? 그것은 꽤 지루하고 권태로울 것 같습니다.

살아가는 명확한 이유와 목표가 있다 해도 그것이 항상 지속되지는 않습니다. 자식은 자라면 부모 품을 떠나고, 사랑하는 연인과도 헤어지고, 아무리 비싸고 귀한 것이라도 원하는 만큼 소유하면 더 이상 성취감을 느낄 수 없습니다. 삶에 대해 더 기대할 것이 없을 때 우리의 삶은 생기를 잃고 어제와 다름없는 오늘을, 오늘과 다름없는 내일을 지겨워하며 살 것입니다. 이런 삶을 사는 사람에게는 큰 위기를 맞았을 때 그 위기를 슬기롭게 헤쳐나갈 힘이 있을까 싶습니다. 그런 사람이 만약 폭설이 내리는 안데스산맥이나 모래 폭풍이 부는 사하라사막에서 조난이라도 당한다면 다가오는 죽음의 위기를 버텨낼 힘이 있을까요? 생존를 위해 여러 시도를 해보다가 실패하면 좌절감에 빠져 조용히 웅크리고 앉아 마지막 순간을 기다리지는 않을까요?

《어린 왕자》의 작가 앙투안 드 생텍쥐페리에게는 안데스산맥의 폭설을 뚫고 일주일 동안 걷다 살아 돌아온 친구가 있습니다. 생텍쥐페리 자신도 리비아사막에서 조난당해 사흘간 물 한 모금 먹지 못하고 사투를 벌인 적이 있습니다. 사람은 아홉 시간만 물을 마시지 못해도 이상 신호를 보내는데 어떻게 사흘씩이나 사막의 열기를 버티고 살아남을 수 있었을까요? 생텍쥐페리의 체력이 남달리 특출했던 것도 아닙니다. 그의 몸은 이미 여러 번 비행기 사고를 겪어서 비행 부적합 판정을 받을 정도로 좋지 못했고, 사막을 뚫고 지나갈 장비 하나 갖추지 못한 채 사고를 당했으니 절망적인 상황이었지요. 그는 그처럼 위태로운 삶과 죽음의 경계에서 초인적인 힘을 발휘하여 살아남을 수 있었던 것은 자신보다 더한 어려움을 딛고 승리한 친구들을 떠올리며 그들로부터 힘을 얻어서였다고 합니다. 《인간의 대지》에 소개된 친구들이 바로 그들입니다.

"나는 그 어떤 짐승도 하지 못했을 일을 해냈어"

생텍쥐페리가 비행기를 처음 본 것은 그의 추억 속에서 가장 행복했던 장소인 생모리스 저택에 살던 열두 살 때였습니다. 처음 비행기를 봤을 때 거대한 박쥐 같다고 생각했던 그는 점점 더 비행기의 매력에 이끌렸습니다. 고등학교를 졸업하고 비행기를 조종할 수 있는 사관학교에 들어가고 싶었지만 두 번이나 입학에 실패하고 해군에 입대합니다. 그러나 비행사의 꿈을 포기하지 않고 사비를 들여 민간 항공기 조종사 수업을 받은 후 자격증을 땁니다. 조종술을 더 배우기 위해 모로코로 가서 꿈에 그리던 사막 위를 비행하기도 했습니다. 군대에서 첫 번째 비행기 사고를 겪고 제대한 후에는 항공회사에 입사하여 우편배달 업무를 시작했습니다. 여기에서 그는 선배 기요메와 메르모즈를 만났고 그들로부터 인생의 중요한 영감을 얻습니다.

생텍쥐페리에게 우편배달은 단지 여러 업무 중 하나가 아니라, 사람들의 근심, 열정, 희망을 떠맡는 것이며 마치 보호자라도 된 양 그들을 책임진다는 자부심을 갖게 하는 일이었습니다. 생텍쥐페리가 첫 우편배달 업무를 앞두고 기요메를 찾아가 조언을 구했을 때, 기요메는 폭우나 안개, 눈보라로 힘든 상황을 맞이하면 먼저 그 모든 것을 겪었던 사람들을 떠올려 보라고 조언해 주었습니다. 그리고 '다른 사람들이 해낸 것은 언제든지 나도 할 수 있다'는 것을 떠올리면 견딜 수 있다고 격려해 주었습니다.

기요메는 영하 40도의 어느 겨울날 안데스산맥을 횡단하다가 조난당한 적이 있습니다. 사고가 있던 날 기요메는 고도 3500미터에 있는 호수 근처에 곤두박질쳤습니다. 비행기에서 몸을 빼내고 고개를 기어오르느라 기력이 다해 여러 차례 쓰러졌지만, 눈밭에 몸을 뉘이면 얼어 죽는다는 것을 알고 있었기 때문에 잠시도 쉬지 않고 바로 다시 일어서야 했습니다. 단 1분이라도 쉬고 싶은 유혹을 이겨 내야만 했는데, 그 순간의 생각을 기요메는 생생하게 전해 주었습니다.

눈 속에서는 모든 생존 본능을 잃게 돼. 이틀, 사흘, 나흘 동안 걷다 보니 제발 잠 좀 잤으면 하는 바람뿐이더군. 나도 자고 싶었어. 하지만 이런 생각을 했지. 내가 살아 있다고 믿는다면, 아내는 내가 걷고 있으리라 생각하겠지. 동료들도 내가 걷고 있으리라 믿을 거야. 그들 모두 날 믿고 있어. 만일 내가 걷지 않는다면, 난 개 같은 놈이 되는 거야.

그런 마음가짐을 갖기란 정말 쉬운 일은 아닐 겁니다. 조난 이틀째 되는 날에 기요메의 가장 큰 과제는 자신이 처한 절망적인 상황에 대해 생각하기를 멈추는 것이었습니다. 기요메는 현실을 잠시라도 잊을 수 있는 기억들을 계속해서 떠올리려고 노력했지만 죽음의 유혹을 떨치기 어려웠습니다. 그때 기요메는 스스로 질문을 했습니다.

할 수 있는 바를 다 했고, 이제 희망도 없는데, 대체 왜 이런 고행에 집착하는 것일까?

사실 그 상황에서는 다시 일어나 끝이 보이지 않는 길을 걷기보다 조용히 눈을 감고 고통마저 희미해지는 상태를 맞이하는 편이 더 나았을 것입니다. 실제로 그는 잠시 눈을 감았더니 환각제라도 먹은 듯 행복감이 들고 지금까지 살아왔던 세세한 일들이 파노라마처럼 펼쳐지는 경험을 했습니다. 그러다 갑자기 아내 얼굴이 떠올라 정신을 바짝 차렸다고 합니다. 자신이 그대로 죽으면 눈 속에 파묻혀 실종자로 처리될 것이고, 그렇게 되면 사망 보험금조차 받을 수 없다는 사실이 떠올랐던 것입니다. 아내를 위해서는 그 자리에서 흔적도 없이 죽을 수는 없다는 생각을 한 것이지요. 부인에 대한 책임감으로 힘을 낼 수 있었던 것입니다.

기요메가 밤낮없이 쉬지 않고 걸으며 실종 일주일 만에 구조되었을 때 그가 내뱉은 첫 마디는 "내가 해낸 일은, 맹세컨대, 그 어떤 짐승도 하지 못했을 일이야"였습니다. 생텍쥐페리는 이 말이 자신이 아는 가장 고귀한 구절이라고 합니다. 인간을 인간으로 자리매김하고, 명예롭게 하며, 진정한 위계질서를 다시 세우는 구절이라는 것입니다. 인간이기에, 고귀한 인간이기에 친구들과 동료들, 사람들, 누구보다도 그의 아내에게 책임을 다하기 위해 초인적인 고행을 감내한 것입니다.

기요메가 위대한 것은 단지 남다른 용기 때문이 아닙니다. 기요메의 위대함은 책임감에 있습니다. 자기 자신, 우편 비행기 그리고 희망을 간직한 동료들에 대한 책임감, 아내에 대한 책임감이야말로 그를 위대하게 만든 것입니다. 그들의 고통과 기쁨을 자신의 손에 쥐고 있다는 책임감 말입니다.

생텍쥐페리에게 인간은 책임지는 존재입니다. 책임이라는 것은 자신의 탓이 아닌 것처럼 보이는 비참함을 마주했을 때에도 부끄러움을 느낄 줄 알며, 동료들이 거둔 승리를 자랑스럽게 여기며, 자기가 맡은 일에 최선을 다하며 자신이 세상을 구축하는 데 기여한다고 느끼는 것입니다. 이것은 흔히 생각하는 돈을 빌리고 갚는 정도의 법적 책임에 대해 말하는 것이 아닙니다. 자신의 탓이 아닌 비참함에 대해서도 지구에 사는 공동체의 일원으로서 갖는 윤리적 책임감입니다. 한 개인에 국한된 책임감이 아니라 나와 어떤 방식으로든 그것이 미약하든 아니든 연결된 모든 것에 대한 무한한 책임감입니다.

여러분은 평소에 무엇에 대한 책임을 느끼고 사나요? 학교나 직장에서 좋은 성과를 내야 한다는 책임은 자기 자신과 가족을 위한 책임입니다. 그런데 어떤 사람들은 자신이나 가족에 대한 책임보다 더 많은 것에 대한 책임으로 살아갑니다. 자신이 무엇에 책임을 느끼는가의 문제, 다시 말해 책임의 크기가 그 사람의 그릇의 크기가 아닐까 생각합니다.

책임감은 기요메와 같이 고귀한 사람과 그렇지 않고 그저 죽음을 하찮게 여기는 사람들을 구분하는 기준이기도 합니다. 비행사

뿐만 아니라 투우사도 생명이 위협받는 일을 합니다. 사람들은 죽음 앞에 겁먹지 않는 투우사를 추켜세우곤 하지요. 하지만 생텍쥐페리는 기요메를 투우사와 같이 죽음을 하찮게 여기는 사람과 같지 않다고 봅니다. 죽음을 하찮게 여기는 태도가 스스로 기꺼이 받아들인 책임감에 그 뿌리를 두는 것이 아니라면 그것은 영혼의 초라함 혹은 젊음의 과잉을 나타내는 징후에 지나지 않는다고 합니다. 죽음을 두려워하지 않는 행동이 대단한 것이 아니라 어떤 이유에서 죽음과 맞서느냐가 중요한 것입니다.

기요메와 더불어 생텍쥐페리에게 영감을 준 또 다른 인물은 메르모즈입니다. 그는 사하라사막을 가로질러 카사블랑카에서 다카르까지, 부에노스아이레스부터 산티아고까지 프랑스 항공 노선을 처음으로 찾아내고 안전한 항로를 구축한 모험가입니다. 메르모즈는 사하라사막 상공의 항로 개척에 이어 안데스산맥의 상공을 통과하는 항로 개척 임무를 맡았습니다. 그가 조종하는 비행기는 5200미터까지만 상승할 수 있었는데, 안데스산맥에서 제일 높은 봉우리의 높이는 7000미터였습니다. 그래서 메르모즈는 협로를 찾기 위해 많은 노력을 기울여야 했습니다. 살인적인 눈 폭풍이 몰아치기 직전 모든 것이 하얗게 되고, 거센 바람이 소용돌이쳐 암벽 사이로 불어오면 메르모즈는 한바탕 전투를 치러야 했습니다. 그는 이러한 전투를 '다른 사람을 위해 시도'했던 것입니다.

어느 날인가 '시도'를 너무나 많이 한 그는 안데스산맥의 포로가 됐습니다. 깎아지른 절벽으로 된 고원 위에 불시착한 후 이틀 동안 실종되었다가 살아 돌아온 그는 다음 날에도 또 항로 개척을 위해 비행에 나섰습니다. 메르모즈의 탐험은 끝이 없었습니다. 그는 사막, 산, 바다 등지에서 여러 차례 추락 사고를 겪었는데 그의 생환은 언제나 재도전으로 이어졌습니다.

그렇게 12년간 탐험을 이어 오다가, 어느 날 남대서양 위에서 엔진이 망가졌음을 알리고 그는 영원한 침묵 속으로 사라졌습니다. 생텍쥐페리는 메르모즈가 그 자신의 삶으로 '일'의 위대함이 무엇인지를 보여 주었다고 말합니다. 어떤 일이 위대한 것은 그 일이 멋지거나 권력을 휘두를 수 있어서가 아니라 사람과 사람을 연결 짓는 일이라서 위대하다고 말입니다. 메르모즈를 가까이서 지켜본 생텍쥐페리는 그가 자신의 개인적 성과를 위해서나 모험심을 채우기 위해서가 아니라 사람과 사람을 연결 짓는 일에 대한 사명감으로 임했고 무엇보다 인간관계를 우선시했다는 것을 강조합니다.

생텍쥐페리는 인간관계에서의 부유함이야말로 진정한 의미의 부라고 보았습니다. 만약 누군가가 물질적 부만을 위해 일한다면 그 사람은 스스로의 감옥을 짓는 것과 마찬가지입니다. 그렇게 되면 살 만한 가치가 있는 것이라곤 아무것도 가져다주지 못하는 재와 같은 돈을 움켜쥐고 고독하게 자신을 가둘 것이기 때문입니다. 사람과 사람의 관계를 서로 이어 주고 그 연결을 풍부하게 해 주는 일이 진정으로 위대한 일이라는 말은 개인의 성과만을 중시하는 오늘날에는 참 낯설게 들리지만 곰곰이 돌이켜 보면 우리가 잊고 있었던 소중한 가치라고 생각합니다.

생텍쥐페리는 제2차 세계대전이 한창인 1944년, 정찰 임무를 자원해 수행하던 중 독일군에게 격추돼 사라졌습니다. 그의 몸은 여러 번의 사고로 임무를 수행하기가 불가능했지만 종전을 앞당기기 위해 목숨을 걸고 임무를 맡은 것입니다. 마지막 임무를 맡을 때에도 그는 죽음이 두렵지 않다고 말했습니다. 생텍쥐페리에게는 기요메나 메르모즈의 죽음이 본보기가 되었을지도 모르겠습니다. 그들은 함께 시련을 겪으면서 영원히 남을 우정을 맺은 사람들이었고, 사람과 사람을 연결해 주는 일을 하며, 가족과 친구들뿐 아니라 얼굴조차 알지 못하는 지구상의 모든 사람에 대한 책임을 지고 아름답게 퇴장한 '위대한 사람들'이라고 생각합니다.

우리는 누구의 자산이 세계에서 가장 많은지 촉을 세워 가며 기억합니다. 그러나 진짜 기억해야 할 위인들은 그들이 소유한 자산으로가 아니라 인간과 인간을 연결해 주고 인간에 대한 책임감을 소명으로 알고 이를 위해 삶을 헌신한 이들입니다.

소소하지만 확실한 행복의 진짜 의미

생텍쥐페리는 기요메와 메르모즈를 위대하다고 말했는데, 그것은 그들이 비행사라는 멋진 일을 했기 때문이 아니라 그들이 일에 임하는 태도 때문이었습니다. 생텍쥐페리는 자신이 알고 있는 사람의 죽음을 이야기해 줍니다.

한 늙은 정원사가 관절염으로 고통스러워 하면서도 땀을 흠뻑

흘리며 삽으로 땅을 일구는 일을 했습니다. 그에게 땅을 일구는 일은 고되고 성가신 일이 아니라 너무나도 아름답고, 자유로운 일이었습니다. 그가 자신의 일을 그렇게 소중히 여긴 이유는 자신의 나무들을 돌볼 사람이 유일하게 자기 자신이라는 책임감을 지니고 있었기 때문입니다. 그는 개간 중인 땅을 남겨 두고 세상을 떠났는데, 생텍쥐페리는 그것을 두고 다음과 같이 말합니다.

> 개간 중인 행성을 남겨 둔 것이다. 그는 모든 대지와 대지의 모든 나무와 사랑으로 엮여 있었다. 그는 관대한 자요, 아낌없이 주는 자였으며, 진정 위대한 영주였다! 창조의 이름으로 죽음과 맞서 싸울 때의 그 사람이야말로 기요메와 마찬가지로 용감한 사람이었다.

생텍쥐페리는 연봉이나 사회적 지위가 아니라 자신이 하는 일에 어떤 책임감을 갖느냐에 따라 위대한 사람과 그렇지 않은 사람으로 나눕니다. 그렇다면 누구라도 자신의 위치에서 위대한 사람이 될 수 있습니다. 위대함을 겉으로만 따지지 않는 것, 누구라도 위대함을 가슴 속에 품을 수 있는 것이 중요해 보입니다.

오늘날 누군가가 위대한 사람이 되고 싶다고 하면 "네가 뭘 할 수 있는데?"라며 조롱을 받기 십상입니다. 사실 위대한 사람이 되고자 하는 꿈조차 꾸지 않는 것이 오늘날의 큰 문제라고 생각합니다. 예를 들어 '나는 그저 소소하지만 확실한 것에 행복해하며 살래' 하는 '소확행'이라는 말이 그렇습니다. 이 말이 남을 따라 하지 않고 내 삶을 알아서 살겠다는 뜻이 아니라, 적은 비용으로 잠시 잠깐의 만족감 이상을 바라지 않겠다는 의미라면 곤란하지 않을까요? 과연 무엇이 우리 마음속에 위대한 것을 꿈꾸는 일을 포기하게 했을까요? 죽어 가는 늙은 정원사조차 자신의 일을 위대한 것으로 생각하고 꿈꾸기를 포기하지 않았는데, 젊고 건강한 우리는 너무 쉽게 위대함을 포기하고 살아가고 있는 것이 아닐까요? 개인만을 중시하고 외적인 성과만을 중시하다 보니 치열한 경쟁에서 치인 대다수의 사람이 아예 꿈을 꾸지 않는 것으로 스스로를 보호하고 있는 것은 아닐까요? 각자의 위치에서 위대할 수 있는 일이 분명히 존재하는데 획일적인 잣대로만 위대함을 생각하기 때문에 도전도 하지 않고 포기하는 것은 아닐까요? 아무리 하찮은 일이라도 자신이 맡은 일이 어떤 역할인지 깨닫고 그 일에 정성을 들이면 되는데 자신의 일을 너무 하찮게 여기고 있는 것은 아닐까요?

청소 일을 하는 사람이 자신이 청소하는 공간에 대한 책임감, 그 공간을 이용하는 사람들에 대한 책임감을 갖고 일을 한다면 그는 단지 청소하는 일개 노동자가 아니라 그 이상의 위대한 존재가 되는 것입니다. 자신의 고유한 역할을 다른 사람들, 다른 존재들, 지구 생명체들과의 관계에서 인식하고 그 의미를 찾을 때 우리는 진정으로 행복해질 수 있습니다. 그리고 바로 그때에서야 비로소 우리는 평화롭게 살고 평화롭게 죽을 수 있습니다. 왜냐하면 삶에 부여하는 의미가 죽음에도 의미를 부여하기 때문입니다. 죽음의 의미와 삶의 의미가 다를 리 없습니다.

무엇을 위해 살아갈 것인가를 생텍쥐페리에게 묻는다면 그는 분명히 '사람과 사람을 이어 주는 책임감, 대지와 대지의 모든 생명을 이어 주는 사랑과 그 역할'이라고 대답할 것입니다. 조종사가 그를 믿어 주는 친구들을 사랑하고 그에 대한 책임감을 가질 때, 정원사가 자신의 나무들을 가꾸고 그것들을 정성껏 보살필 때, 청소부가 자신이 맡은 일에 최선을 다할 때 그들의 삶과 죽음은 결코 헛되지 않고 의미를 얻을 수 있습니다.

왜 타자를 위한 삶을 살아야 할까

왜 우리는 나 자신이 아니라 나 아닌 다른 사람, 다른 존재들에 대해 책임감을 가져야 할까요? 왜 타자를 위한 삶을 살아야 할까요?

생텍쥐페리가 첫 우편 비행을 떠나기 전 길가의 생전 처음 보는 사람들을 바라보며 그들에게 책임감을 느꼈듯 내가 책임져야 할 타자는 가족이나 가까운 친구만이 아닙니다. 그런데 자기 자신에 대한 책임을 넘어 다른 사람, 나와 전혀 상관없는 사람들까지 책임져야 한다면 부담스럽지 않았을까요? 이처럼 이해하기 어려운 생텍쥐페리의 책임에 대한 고민을 에마뉘엘 레비나스Emmanuel Levinas, 1906-1995의 철학을 빌어 살펴보겠습니다.

우리에게 타자는 어떤 존재인가요? 우리는 자신을 평가할 때 행동뿐만 아니라 생각도 포함해서 평가하지만, 타자를 평가할 때는 그의 행동만 가지고 평가합니다. 예컨대 내가 어떤 일에 실패했을

에마뉘엘 레비나스

리투아니아에서 태어난 유대인 레비나스는 어린 시절에는 러시아어로 교육받고 프랑스에 있는 대학에 진학하여 철학을 전공했다. 1년간 독일에 머물며 하이데거의 강의를 들었고 독일의 현상학을 프랑스에 처음으로 소개한 그는 1930년에 프랑스 국적을 얻어 제2차 세계대전에는 프랑스군으로 참전했다가 포로가 된 1940년부터 전쟁이 끝날 때까지 포로 수용소에서 강제 노동을 했다. 전쟁 중에 프랑스로 피신했던 아내와 딸을 제외한 모든 가족을 잃었고 이때부터 나치와 연관된 하이데거 철학과 결별하고 주체 중심의 전통 철학을 뒤엎고 타자 중심의 독자적인 철학을 펼쳤다. 그는 친숙한 철학적 용어보다는 생소한 비철학적 용어를 도입하여 '타자'라는 용어 대신 '이웃'이라는 용어를 제안했고, 엄격한 명제의 사용을 피하는 등 철학에서 사용하는 언어 문제에 관심을 기울였다.

때는 실패한 일에 대한 반성과 재기하고자 하는 의지까지를 포함하여 생각하지만, 타인이 실패했을 때에는 비록 같은 상황이라도 결과만 보고 평가할 뿐 그 사람의 반성과 재기를 위한 의지를 고려하지 않습니다. 이러한 태도가 옳을까요? 나와 마찬가지로 타인역시 스스로 생각하고 반성하는 인간으로 대해야 하지 않을까요? 그것이 타자를 나와 같은 존재로 여기는 것입니다. 이는 타자에게 나를 투영하는 것이지요. 보통 이러한 태도를 공감적 태도라고 보고 긍정적으로 평가합니다.

레비나스는 이러한 태도조차 '존재론적 제국주의'라고 비판합니다. 타자를 주체와 동일한 자로 여김으로써 타자의 타자성, 즉 타자가 나와 다른 존재임을 부정하고 나에 비추어 타자를 미루어 짐작하는 것으로는 충분하지 않다는 것입니다. 그러니까 레비나스는 타자에 대해 그의 행동과 결과만 보고 판단하는 것도 당연히 안 될 뿐만 아니라 타자를 나와 같은 존재라고 생각하고 공감하는 것으로도 부족하고 타자를 나 자신보다 더 중요한 존재로 보라고 했습니다. 과연 어떻게 하면 나는 나보다 앞서 타자를 우선시하며 타자성을 인정할 수 있을까요?

레비나스도 일상적 삶 속에서는 '나'와 '타자'가 모두 즐기고 싶은 욕구와 노동과 현실의 고통에 빠진 사람들이라는 것을 인정합니다. 나와 타자 모두 살기 위해 서로 경쟁하며 투쟁하지요. 나와 타자 사이에는 '노여움, 분노, 증오, 애착, 사랑' 등이 혼재되어 있습니다. 이때 타자는 '나' 혼자 세계를 소유할 수 없다는 것을 깨닫게 해 주는 존재입니다. 타자는 나의 자유를 제한하는 자입니다. 경쟁하는 관계라면 타자는 나를 위협하고 짓밟고 심지어는 죽일 수도 있는 존재입니다. 사랑으로 맺어진 관계라 할지라도 나의 자유가 제한되는 것은 마찬가지입니다. 사랑의 감정이 야기하는 질투나 속박 역시 나의 행동에 제약을 가하기 때문입니다.

나는 내 마음대로 할 수 없고 내가 통제할 수 없는 자에 대해 불편함을 느낍니다. 그래서 '타자야말로 내가 죽이고 싶은 유일한 존재'라고 합니다. 그런데 이러한 마음은 나와 타자 모두 물질에 대한 욕구에 빠져 있을 때 나타나는 현상입니다. 레비나스는 이처럼

타자

레비나스에게 '타자'란, 자아로 환원이 불가능한 절대적 타자성을 지닌 어떤 것이다. 전통 철학은 자아 중심의 철학으로 '나의 존재'에서 출발하여 자아의 외부에 존재하는 세계를 자기 안으로 끌어들여 자기와 동일한 존재로 환원함으로써, 다시 말해 세계를 자기 것으로 소유함으로써 자신의 정체성과 지식의 확실성을 정립하려 했다. 예컨대 데카르트는 방법적 회의를 통해 '자아'의 존재를 정립한 다음에 나의 외부에 존재하는 자연세계를 '자아'로 환원함으로써 "나는 생각한다. 고로 존재한다"라는 지식의 제1명제를 만들었는데, 이것이 바로 전통적인 자아 중심의 철학이다.

레비나스는 자아 중심의 철학이 타자에게 행사하는 힘을 타자에 대한 폭력이라고 비판한다. 이는 구체적인 역사적 현실에서도 드러나는데 히틀러가 행한 대학살과 숙청이 바로 자기 민족 중심의 사고로 다른 민족을 배제하는, 자아가 이질적인 타자에 행한 폭력적 사고방식에 근거한다고 보았다.

레비나스가 타자를 자아로 환원하지 않고 타자의 타자성에 접근하는 방법으로 제시하는 것이 '타자의 얼굴과의 만남'이다. 이는 내가 나의 힘을 행사하여 '타자'를 사로잡아 나의 것으로 만들기 전에 예고도 없이 먼저 나에게 다가오는 하나의 '사건'으로 나의 자발성에 문제를 유발하는 윤리적 상황이다. 이 상황에서 비로소 윤리적 사유가 시작하는데 나는 타자의 얼굴에 응답함으로써 윤리적 자아로 눈을 뜬다. '윤리적 자아'란 '타자'를 나의 소유로 만들어 지배하고 이용하는 것이 아니라 나에게 다가오는 '타자'의 얼굴이 나에게 요구하는 바에 무조건 응답할 수밖에 없는 '자아'이기에 레비나스에게는 타자가 자아에 우선하는 존재이다.

물질적 욕구에 사로잡혀 살아가는 인간을 '자신의 존재에 못 박혀 있는' 인간이라고 부릅니다. 그러한 인간은 모든 대상을 자신의 것으로 흡수하고 지배하고 소유하는 인간, 자기 자신의 존재에 머물러 있는 인간, '나'로 귀환하는 인간이라고 합니다. 이런 관계에서 타자는 나를 죽일 수 있는 자이며 동시에 내가 죽이고 싶은 자입니다. 그는 나와 다른 존재이기 때문에 나는 그를 지배할 수 없습니다. 따라서 내가 죽이고 싶은 존재가 되는 것입니다.

그러나 타자를 경쟁과 정복의 대상으로 여기는 것에서 벗어나 나와 다른 존재로 인식하고 그의 타자성을 인정하면 타자는 '나'에게 말을 건네기 시작하고 나 또한 타자의 말을 들을 수 있게 됩니다. 이를 물질적 욕구와 다른 형이상학적 욕구라고 합니다. 이를 통해 나는 '나' 안에 갇혀 있던 자신의 존재로부터 타자를 향해 떠날 수 있게 됩니다. 타자의 말에 귀 기울인다는 것은 우리가 타자에 대해 책임을 지는 존재가 되는 것입니다. 이것을 레비나스는 내가 타자의 '인질'이 되는 것과 같다고 합니다.

인질이 무엇인가요? 인질은 약속 이행을 담보로 상대편에 사람이나 물건을 잡아 두는 것입니다. 내가 타자의 인질이 된다고 보는 것은 기존의 나와 타자 간에 완전한 역전이 일어나는 것입니다. 내가 타자의 인질이 되면 지금까지 내가 중심이었던 것과 달리 이제부터는 타자가 중심이 됩니다. 이러한 역전은 합당한 이유가 있어서 그렇게 된 것이 아니라 부당하게 일어나는 일입니다. 레비나스는 이것을 두고 타자에 대한 책임의 본질적인 요소라고 합니다. 오늘날 우리 사회의 관점에서는 전혀 환영받을 수 없는 주장입니다.

우리는 일단 어떤 분야에서든 남보다 위에 서고 싶지 인질이 되려 하지 않습니다. 우리가 애써 공부하고 열심히 일하는 이유도 남에게 휘둘리지 않기 위해서잖아요? 그런데 부당하게 남의 인질이 되는 것이 타자에 대해 책임을 지는 것이라고 주장하니 난감합니다. 우리는 남을 도울 때도 나의 입장이나 환경이 더 낫다는 생각에서 베풀고 기부하지요. 선행을 할 때도 그것이 나의 인격이나 평판을 높여 준다는 생각에서 하지 남의 인질이 되어 어쩔 수 없이 하지는 않습니다. 그런데 레비나스는 자발적으로 "인질"이 되라고 합니다. 그것이야말로 타자를 향해 자신을 열어 놓는 태도라는 것입니다. 나를 중심으로 생각해 오던 태도에서 벗어나 타자를 중심으로 생각하고 나를 타자의 인질로 보라는 것입니다. 반전도 이런 반전이 없습니다. 코페르니쿠스적 전환과도 같습니다.

생각해 보면 이런 사례가 아주 없는 것도 아닙니다. 아기를 키우는 부모는 아기의 모든 요구를 들어주려 하고 헌신합니다. 부모는 아기의 얼굴을 보고 무엇을 원하는지 파악하고 무엇을 해 줘야 할지 압니다. 아기의 우는 얼굴이 부모를 쩔쩔매게 하듯이 상대방의 '얼굴'은 우리에게 상대방이 무엇을 원하는지 말해 줍니다.

타자의 얼굴이 호소하는 것

레비나스는 나를 향해 '얼굴'로 말을 걸어오는 타자에 대해 책임을 져야 한다고 주장합니다. 그런데 이때 말하는 타자의 얼굴은 내가 아는 사람, 나와 아주 가까운 사람들의 얼굴이 아닙니다. 만약 내가 내 아이의 얼굴에만 책임을 진다면 그것은 아이를 자기의 분신으로 여기는 것이므로 진정한 의미의 타자에 대한 책임을 지는 것이 아닙니다. 레비나스에게 타자의 얼굴은 그 사람의 나이나 성별, 인종, 직업 등과 무관한 것으로 감각적인 동시에 그것을 넘어서는 초감각적인 것입니다. 타자의 얼굴은 하나의 의미와 말로써 나에게 다가오는데 상대에게 말을 건네는 얼굴로 드러납니다. 이때 타자의 얼굴이 건네는 말은 타자의 생각이나 의식보다 앞서 있는데, "너도 인간이고 나도 인간이며, 나도 죽을 존재이고 너도 죽을 존재이며 살고 죽는다는 것 모두가 고통스러운 일"이라는 것입니다. 그 말은 단적으로 "나를 죽이지 말라"는 타자의 호소입니다.

우리는 버스 의자에 앉아 있을 때 몸이 약하거나 연로하거나 불편한 사람의 얼굴과 마주하면 상대가 요청하기 전에 먼저 일어납니다. 그의 얼굴이 요청하는 것을 들을 수 있기 때문입니다. 물론 자리를 양보하지 않는 사람도 있습니다. 자고 있거나 스마트폰에 몰입해 있어서 상대의 얼굴을 보지 못하기도 하지만 일부러 타인의 얼굴을 보지 않는 사람은 타인의 요구를 듣지 못하는 또는 듣기를 거부하는 사람입니다.

타인의 얼굴은 그 자체로 언제나 자신의 고통을 알아달라고 요구합니다. 그 요구에 눈을 감고 귀를 닫아 버리는 사람은 자기 자신에 갇힌 이기적인 사람입니다. 전쟁 중에도 적군의 얼굴을 직접 바라보면 상대를 죽이는 것에 주저하게 된다고 합니다. 상대의 얼굴에서 자신을 죽이지 말아 달라는 요구를 들을 수 있기 때문입니다. 실제로도 전투에 투입된 군인들이 눈을 감고 사격을 하거나 일부러 정조준을 피하는 경우가 있다고 합니다.

상대의 얼굴을 보고 있을 때와 그렇지 않을 때의 차이를 우리도 생활 속에서 잘 알고 있습니다. 상대의 거짓말이 의심될 때 우리는 "내 얼굴 똑바로 보고 말해!"라고 합니다. 얼굴을 마주하고 있으면 거짓말조차 하기가 쉽지 않다는 것을 알고 있기 때문입니다. 그런데 레비나스는 우리가 타자의 얼굴이 호소하는 것에 응답할 때 타자에게 '책임성'을 느끼고 그제야 비로소 '자유롭게' 된다고 합니다. 보통은 책임을 지는 것이 자유를 억압하는 것이라고 생각하지만 그와 정반대의 주장을 한 셈입니다. 과연 그럴까요? 그런데 더 깊이 생각해 보면, 거짓을 마음에 품고 누군가에게 거짓말을 할 때 우리의 마음은 자유롭지 않습니다. 마음 어딘가가 불편하고 행동에도 제약이 따릅니다. 그러나 "내 얼굴 똑바로 보고 말해!"라고 한 사람에게 그 얼굴의 명령에 따라 진실을 말할 책임을 느끼고 어쩔 수 없이 진실을 털어놓으면 오히려 마음이 후련해지고 자유로워집니다. 레비나스는 인간이 인간인 것은 타자의 소리를 듣고 그에 대답할 때 가능해지고 그제야 자유로워진다고 합니다. 도움이 절실한 타자의 얼굴과 마주칠 때, 그의 요구 사항을 듣고 내가 불편하더라도 그의 요구에 응할 때 우리는 자신이 한 행동에서 인간으로서 할 바를 했다고 생각하게 되고, 자유로움을 느끼는 것입니다.

레비나스에게는 무엇보다 윤리가 중요합니다. 타자의 얼굴이 나에게 하는 명령은 윤리적인 명령입니다. 우리는 타자의 얼굴에서 상처를 받거나 죽음을 당할 사실을 직면하면, 우리가 원하든 원하지 않든 타자가 다치지 않도록, 죽지 않도록 책임져야 하는 존재입니다. 타자가 얼굴을 통해 나에게 전달하는 책임지라는 명령은 나를 더 이상 내 안에 갇혀 있지 않게 하고 떠날 것을 명령하고 떠나도록 결단하게 하고 그렇게 행동하도록 합니다. 그래서 타자가 나를 부르고 명령하는 소리는 이기적인 자아 중심의 세계를 폭로하는 소리이며 타자의 죽음에 대하여 책임을 다하라는 윤리적인 명령의 소리입니다. 그 명령은 내가 나를 넘어서도록 합니다. 타자의 얼굴을 통해 자신을 떠나고 타자를 향하도록 이끄는 소리는 한편으로 양심의 소리입니다. 타자의 얼굴이야말로 진리가 드러나는 장소이며, 타자의 얼굴이 하는 말을 받아들이라는 양심을 따를 때, 우리는 비로소 '자유로운 존재'가 되는 것입니다.

흔히 돈이 많고 권력이 있으면 자유롭다고 생각하지만, 그러면서도 자신의 세계에 갇혀 사는 사람을 볼 때가 있습니다. 그들은 물질적 욕구에 따라 사는 사람이라 타인과의 관계에서도 물질을 기준으로 우위를 따집니다. 뿐만 아니라 자신이 쌓은 부와 권력을 타인에게 뺏기지 않고자 전전긍긍하며 사는 탓에 자유롭지 못하고 자기 이외의 모든 타인을 자신의 경쟁자로 보거나 자신을 위한 도구로만 여기느라 각박하게 살아갑니다. 반면 타자의 얼굴에서 타자가 원하는 명령을 듣는 형이상학적 욕구를 지닌 사람은 스스로 기꺼이 타자의 인질이 되고 타자의 명령을 따르면서 자기의 굴레를 뛰어넘어 자유가 충만한 삶을 살아갑니다.

세상에 친분이 없는 사람은 없다

왜 레비나스는 타자를 우선하며 살라고 할까요? 인간은 홀로 살아가는 존재가 아니라 세계와 시간 속에서 타자와 함께 살아가고 관계를 맺으며 '존재의 의미'를 드러내기 때문입니다. 인간과 인간의 참된 관계는 누가 얼마나 더 많이 소유하고를 비교하며 우위를 정하는 관계가 아니라 '서로 마주하는 어울림'에서 이루어집니다. 레비나스에 따르면 서로 마주하는 것, 서로 어울리는 것은 존재의 책임이 필요한 행위이고, 이때의 책임이란 숨김없는 얼굴, 정직한 얼굴을 드러내며 관계에 응답하는 진실성이 깃든 것이라고 합니다. 그래서 우리가 소통한다는 일은 책임의 언어로 이야기하는 진실한 인간적 어울림이어야 한다는 것입니다. 정원사가 자신의 꽃에게, 양치기가 양떼에게, 우리가 각자의 역할 속에서 만나는 얼굴에게 응답하고 그 얼굴들이 요구하는 바에 책임을 지는 것이 바로 우리를 참된 인간관계를 맺는 존재로 만들어 줍니다. 자기 자신 안에 갇힌 존재가 아니라 그로부터 벗어난 자유로운 존재로 말입니다.

생텍쥐페리는 항공기로 우편물을 나르면서 자신의 비행이 사람과 사람을 연결해 주는 일임을 깨닫습니다. 그래서 이유가 무엇이든 배달이 지연되는 것은 그 자체로 불명예스러운 일이라고 생각합니다. 그는 다음과 같이 말합니다.

이 세상 사람들 중 나와 조금이라도 친분 관계가 없는 사람은 없다.
비록 그 관계가 지극히 미미하고 찰나적이라 할지라도.

생텍쥐페리의 이 말은 우리가 모두 한배를 탄 사람들이고 서로
가 서로에게 책임 있는 존재라는 의미입니다. 그러므로 타자에 대
한 책임감은 나의 아주 가까운 사람, 가족, 사랑하는 사람 한두 명
에 그치는 것이 아니라 인류 모두를 향한 것입니다.

그래서 생텍쥐페리가 생각하는 인간의 진리는 인간을 인간답게
만드는 것입니다. 단순하지만 품위 있는 인간관계, 정직한 경쟁,
생명에 대한 존중, 서로 돕고 우리가 하나임을 깨닫는 것이 인간의
진리입니다. 사실 이 진리는 거창한 사람들의 전유물이 아닙니다.
자신의 꽃을 책임지는 정원사의 마음이면 충분히 도달할 수 있는
진리입니다. 사소한 일처럼 보여도 그렇게 할 수 있는 한 그 사람
의 가슴 속에는 위대함이 별처럼 빛나는 것입니다. 우리가 스스로
위대한 것을 꿈꾸기를 포기하지 않는 한 누구나 할 수 있는 일입니
다. 생텍쥐페리가 말하는 인간의 진리는 누군가에게는 삶의 이유
이자 그것을 위해 죽을 수도 있는 이유입니다.

3부

죽음을 바라보는
다양한 시선에
대하여

삶을 끝낼 자유조차 없는 삶이 과연 사는 걸까?
|
〈씨 인사이드〉

유명인의 자살 소식이 끊임없이 이어지는 가운데, 친하게 지내던 사람이 자살했다는 소식을 접하면서 자살을 어떻게 생각할지 고민했습니다. 그동안은 자살한 이의 고통을 함부로 판단해서는 안 된다는 이유에서 자살에 대한 언급을 피하는 최선의 방책인 침묵을 지켰습니다. 자살을 행하는 사람은 특별히 정신적 문제가 있으며 무책임하다는 사회의 시선에 긍정도 부정도 하지 않은 채 판단을 유보해 왔는데, 침묵은 동의하는 것과 다름없다는 점에서 우리 사회의 금기를 간접적으로나마 따른 셈입니다.

그런데 사회가 자살을 아무리 금기로 여긴다 해도 우리나라의 자살률은 10년 이상 전 세계 최고 수준을 유지하고 있습니다. 이것은 매년 자살하는 사람의 숫자만큼이나 유가족들의 고통도 증가한다는 의미입니다. 유가족 중에는 자살로 가족을 잃은 일을 감추려 하고 은밀히 덮어두려는 이들이 있어서 충분한 애도를 할 수도 없습니다. 특히 자녀가 자살하면 부모가 자녀에 대한 관심이 부족했다거나 가정환경에 문제가 있을 것이라며 의심의 눈초리로 바라보는 사람들 때문에 더 고통스럽습니다. 이처럼 자살은 삶과 죽음의 가장 중심에 있는 어려운 주제입니다.

하지만 어려운 주제일수록 더 냉철하게 바라보고 싶습니다. 시험관아기나 인공수정처럼 출산에서는 인간의 자유의지를 허용하면서 안락사나 자살과 같은 죽음에서는 자유의지를 엄격히 제한하는데, 이것이 공평하다고 할 수 있을까요? 주변의 누군가가 자신의 생명을 자기 의지대로 자유롭게 끝내겠다고 했을 때 우리는 이러한 입장을 지지할 수 있을까요? 자살이 우리 사회의 심각한 사회적 문제라는 것은 분명한데, 아직 우리는 이에 대해 자유롭게 논의한 적이 없습니다. 다른 사람의 자살할 자유를 지지하기에는 종교계와 법조계의 저항뿐만 아니라 도덕의 문제도 개입하기 때문입니다.

가장 심각한 죄악일까, 매우 자연스러운 죽음일까

> 행복한 가정은 모두 엇비슷하고, 불행한 가정은 불행한 이유가 제각기 다르다.

톨스토이가 쓴 《안나 카레니나》의 유명한 첫 문장처럼 자살의 이유와 원인은 다양합니다. 그러나 모든 자살자가 실패나 좌절 때문만으로 자살하지는 않습니다. 성적이 나쁘거나 사업이 어려워서, 사랑에 실패해서 자살하기도 하지만 명예를 지키기 위해서, 죽음으로 누군가에게 복수하기 위해서 자살하기도 합니다. 이렇게 다양한 이유가 있다 보니, 자살에 대해 어떻게 생각해야 할지가 쉽지 않습니다.

과거 유럽에서는 자살한 사람을 재판에 넘기고 시신을 공개적으로 훼손하고 불명예를 부여하는 방식으로 처벌하기도 했습니다. 현대에도 자살을 시도하면서 공공질서를 해쳤다면 벌금을 부과하기는 하지만, 자살한 사람을 범죄자로까지 보지는 않습니다.

과거에도 자살에 대한 평가가 항상 부정적이지는 않았습니다. 지역이나 시대, 종교, 사회 문화적 요인에 따라 평가가 다양했습니다. 고대 그리스 로마에서는 질병, 신체적 고통, 공포, 복수심, 실연, 광분, 행동제어 불능, 강간 피해, 패전 등으로 자살하는 것을 허용했습니다. 또 드물지만 지식인 집단을 중심으로 위정자의 폭정에 저항하고 자유를 표현하기 위한 고도의 방식으로 자살을 선택하기도 했습니다. 이런 유형의 자살은 때때로 수많은 청중 앞에서 공개적으로 이루어졌고, 분노나 절망, 두려움을 드러내지 않은 채 조용히 행해지기도 했습니다.

자살에 대한 금지는 로마제국이 들어서면서부터 시작되었습니다. 로마인들은 육체에서 사람의 영혼을 억지로 몰아내선 안 된다고 보았습니다. 그들은 범죄에 대한 처벌을 제외하고는 당사자뿐만 아니라 사회에도 인간의 생명을 처분할 권리가 없다고 보았습니다. 특히 신학계와 법학계에서는 타인의 육체만을 죽이는 살인과 달리 자살은 자신의 육체와 영혼을 모두 죽이기 때문에 인간이 행할 수 있는 가장 심각한 범죄이자 죄악이라고 보았습니다. 육체와 영혼을 이중으로 죽이는 자살은 신학자나 성직자들 관점에서는 용서할 수 없는 큰 죄이며, 특히나 회개의 가능성까지 없애므로 매우 엄중한 처벌을 받았습니다. 일반적으로 자살자의 장례를 허용하지 않거나 재산을 몰수하고 유가족을 질타하는 처벌이 내려졌고 심할 때는 사체를 교수형에 처하거나 거리를 질질 끌고 다니며 불명예를 주기도 했습니다. 로마인들은 자살을 엄히 처벌함으로써 자살을 예방했고, 자신의 생명을 보존하는 일이 신과 국가, 자신에 대한 의무라는 생각을 심어 주었습니다.

서양 사회에서 자살을 본격적으로 죄악시한 것은 신학자 아우구스티누스가 자살에 대한 그리스도교 윤리를 세우기 시작한 5세기경입니다. 아우구스티누스 이전의 신학자들은 박해 속에서도 종교를 지키기 위해 순교한 그리스도교도를 기리는 목적에서 자살을 용인했습니다. 그러나 4세기 콘스탄티누스 황제가 기독교로 개종한 다음부터는 그리스도교에 대한 탄압이 없었기 때문에 자살에 대한 부정적인 입장을 확고히 다질 수 있게 되었습니다. 아우구스티누스는 자살을 혐오 범죄이자 지독한 패악으로 정의했고, 십계명의 하나인 '살인하지 말라'를 어긴 것으로 보았습니다.

이에 더하여 13세기 말의 신학자 토마스 아퀴나스는 다음의 세 가지 이유에서 자살이 살인보다 더 위험한 중죄라고 했습니다. 자기 자신을 사랑해야 한다는 박애 정신에 어긋날 뿐만 아니라 자기

보전을 증진해야 하는 자연법에 반하므로, 사회 구성원인 모든 개인이 자살하면 사회와 국가에 해를 끼치므로, 신이 내린 인간의 생명을 거둘 수 있는 이는 오직 신뿐이므로, 자살이 정당하지 않다는 것입니다.

동양에서도 자살은 부정적으로 여겨졌습니다. 살생을 금한 불교는 물론이거니와 효를 중시하는 유교 또한 부모에게 받은 몸을 함부로 훼손해서는 안 된다는 공자의 말씀에 따라 자살을 부정적으로 여겼습니다. 물론 예외는 있었습니다. 불교에서는 군주에 대한 충성, 효, 정절, 정의, 전쟁에 의한 자살은 정당하다고 보았고, 유교에서는 "선비나 어진 사람은 자신의 목숨을 구하려고 인을 해치는 일이 없으며 자기의 목숨을 바쳐 인을 행한다"라고 함으로써 인을 행하는 자살은 정당하다고 인정했습니다. 맹자 또한 "나는 목숨도 중요하게 생각하고 정의도 중요하게 생각한다. 하지만 둘 다 얻을 수 없다면 목숨을 포기하고 정의를 택할 것이다. 나는 목숨을 중요하다고 생각하지만 목숨보다 더 좋아하는 무언가가 있다"라며 정의를 위한 자살을 정당화했습니다.

특이하게도 동양에는 칭송과 존경을 받는 자살이 있었습니다. 정쟁에 휘말린 고위직 인물이나 전투에서 패한 장수의 명예를 지키기 위한 자살은 칭송받았고 남편을 따라 죽은 과부는 '열녀'라는 칭호와 함께 존경받았습니다. 쥘 베른의 《80일간의 세계 일주》에는 주인공 필리어스 포그가 '사티' 풍습으로 죽을 위기에 처한 아우다 부인을 구출하는 대목이 나옵니다. 인도에서 '사티'란 고결하고 순결하며 정숙한 신부를 의미하는데 남편이 죽어 시체를 화장할 때 아내가 뛰어들면 그 아내는 '사티 마타(순수한 어머니)'가 되고 사티 마타는 모든 병을 치유할 수 있는 초자연적인 힘을 얻는다고 믿었습니다. 죽은 여성은 비석이 세워지고 오래도록 기념됐는데 이러한 악습은 오래전에 금지되었는데도 근래까지 이어져 왔습니다.

이처럼 동양과 서양 모두 자살을 대체로 부당한 행동으로 보았지만 신념, 신의, 정의를 위한 자살이나 관습을 존중하는 자살은 예외적으로 인정받았습니다. 비록 그 관습이 끔찍한 악습이라 해도 말입니다.

현대에 이르러서는 국가나 종교, 관습에서 허용하는 예외적인 자살뿐만 아니라 모든 종류의 자살을 옹호하는 입장이 등장했습니다. 《자유 죽음》의 저자 **장 아메리**Jean Amery, 1912-1978는 종교와 국가

장 아메리

오스트리아 출신인 장 아메리는 유대인 아버지와 가톨릭 교인인 어머니 사이에 태어나 가톨릭 교인으로 자랐지만, 유대인이라는 이유로 아우슈비츠 수용소에서 모진 고문을 당했고 노년에 이르러 자살로 생을 마감했다. 그는 자살이 자연의 순리에 반한다는 일반적 상식에 반대하고, 늙고 병들어 죽는 것이 반드시 '자연스러운 것'은 아니라고 주장했다. 아메리는 오히려 발달한 현대의학 덕분에 대부분의 사람은 호흡기를 비롯하여 각종 의료 장비들에 매여 오랜 병실 생활 끝에 죽는 것이 자살보다 훨씬 더 자연에 거스르는 일이라고 보았다.

가 자살을 금지하는 것을 비판하고 개인의 선택을 중시했습니다. 그의 주장 중 하나는 존엄성이라는 기준에서 볼 때 자신이 결정한 자살이야말로 매우 자연스러운 죽음이라는 것입니다. 그는 '자살의 철학'을 펼친 장 배쉴러를 인용하면서 자살은 자유와 존엄성, 행복 추구권을 확실하게 증명하는 행위라고 주장했습니다.

또 그는 자살은 세월이라는 흐름에 휩쓸려 떠내려가다가 익사하기 직전에 내지르는 단말마적 고통의 비명과도 같기에 자연적이라고 보았습니다. 모든 자살을 옹호한 그는 살아야만 하는 인생은 없고, 스스로 죽는 것만 못한 삶이라고 판단한다면 존엄성과 자유를 가지고 죽음을 선택할 수 있어야 한다고 했습니다. 존엄성과 자유만이 자살의 기준이 되는 것이지, 국가나 사회, 종교가 자살을 비난하는 것은 잘못이라는 입장입니다. 자신의 독자성을 위해서라면 지금껏 한 번도 자신의 고유한 것이 아니었던 생명이라는 고유 재산을 파괴할 수도 있으며, 자살의 선택과 결정은 오로지 당사자 개인의 문제라는 것입니다. 이러한 장 아메리의 주장은 상식을 깨는 파격입니다.

그런데 그의 주장을 지지할 만한 실존 인물이 있습니다. 알레한드로 아메나바르가 감독한 영화 〈씨 인사이드〉의 실제 주인공 라몬 삼페드로입니다. 사고로 전신이 마비된 그는 30여 년간 침대에서 살다가 법원에 자살을 허용해 달라고 요청했지만 여러 차례 패소한 후 마침내는 지인의 도움으로 자살에 성공하여 자유로운 죽음을 맞이했습니다.

삶의 존엄을 선택할 자유를 달라

젊은 시절 라몬은 노르웨이 상선 수리공으로 세계 일주를 할 만큼 자유롭고 건강한 스페인 청년이었습니다. 그러던 어느 날, 친구들과 바닷가에서 놀다가 다이빙 사고로 전신이 마비되고 30여 년을 누워서 지냈습니다. 그는 입으로 펜을 물어 글을 쓰고 시를 지으며 나름의 인생을 살았지만, 어느 순간 그는 자신의 삶에는 존엄성이 없어서 살고 싶지 않다며 자신의 안락사를 위해 주변인들이 그것을 도와주는 것을 허용해 달라고 법원에 요청했습니다.

그는 전신 마비라서 자유롭게 움직이지 못할 뿐, 생명을 유지해 주는 응급의료 장치들이 필요할 만큼 심각한 상태도 아니었고 죽음이 임박하지도 않았습니다. 영화에서 딱 한 번 울부짖는 이유는 남들처럼 행복하게 살 수 없는 자신의 처지를 두고 비탄에 빠졌기 때문이지 극심한 고통이 그를 괴롭혔기 때문이 아닙니다. 그가 죽음을 원했던 것은 모든 것을 가족에게 의지하며 살아야 하고 어느 것 하나 스스로 할 수 없으니 인간으로서의 존엄성을 지니지 못했기 때문입니다. 그런 점에서 그는, 질병에 의한 심각한 고통을 끝내기 위한 일반적인 안락사와는 다른 존엄성의 권리를 지키기 위한 자살을 주장했습니다. 라몬이 주장하는 바는 삶이 의무가 아니라 권리라는 것, 자신의 생명을 스스로가 선택할 수 있어야 한다는 것입니다.

라몬의 이러한 주장에 라몬처럼 전신이 마비된 한 신부는 라몬이 가족들로부터 충분히 보호받지 못해 사람들의 관심을 끌기 위해서 안락사를 원하는 것이라며 라몬의 주장을 공개적으로 비판합니다. 게다가 집까지 찾아와서 생명은 신의 것이지 인간의 것이 아니기에 삶을 끝내는 자유는 자유가 아니라며 장황한 설교를 늘어놓았지만, 라몬은 삶을 끝낼 자유가 없는 삶은 삶이 아니라며 맞받아칩니다. 죽음의 자유를 달라는 주장과 그런 자유는 인간에게 허용할 수 없다는 주장이 팽팽히 맞섰습니다.

라몬은 자신의 죽음이 절망이나 고통, 애정 결핍으로 인한 것이 아니라 전신 마비 장애인으로 살고 싶지 않기 때문임을 강조합니다. 죽을 자유를 허락하지 않는 것은 상식과 도덕을 저버리는 일이며, 자신의 죽을 권리를 막는 법은 비열하고 왜곡된 것이라고 말합니다. 만약 라몬이 단식을 한다면 굶어 죽을 수는 있습니다. 그러나 그것은 이성적이지도 않고 그로 인한 죽음은 훌륭한 죽음이 아니라고 생각하여 그 방식을 선택하지 않겠다고 합니다. 그는 자유죽음이라는 자신의 이성적 의지를 관철하고자 했던 것입니다.

라몬은 재판에서 승소하여 자신의 의지를 인정받으며 존엄하게 죽기를 바랐지만 그러지는 못했습니다. 대신 마지막 순간을 비디오로 촬영하며 '삶은 의무가 아니라 권리'라는 주장을 당당하게 펼칩니다. 그리고 자신을 도운 사람들을 처벌하지 말아 달라는 당부와 함께 친구가 준비해 준 극약을 마시고 생을 마감합니다. 라몬은 자신의 죽음을 기꺼이 반겼습니다. 그는 자유롭게 살기 위해 죽기를 원했던 것입니다. 그에게 자유 없는 삶은 죽는 것과 마찬가지입니다. 그러한 생을 스스로 끝낼 수 있는 것이 바로 그가 행할 수 있는 자유였습니다. 스스로 죽음으로써만 그 자신의 바람을 실현한 셈입니다.

라몬이 자유 죽음을 이룰 수 있던 것과 대조되는 인물로 라몬을 도와 함께 자유 죽음을 실행하려던 변호사 훌리아가 있었습니다. 점차 전신 마비가 진행되는 병에 걸린 그는 라몬의 시집이 출판되는 날 함께 자살하기로 했는데, 예상보다 빨리 기억능력이 쇠퇴해서 자신이 누구인지조차 기억하지 못하는 상황에 이르고 맙니다. 자신의 의지로 자유 죽음조차 실행할 수 없는 정신의 마비가 몸의 마비보다 더 큰 장애가 아닐까 하는 생각이 듭니다.

일반적으로 우리는 주변의 누군가가 자살을 생각하고 있다면 즉각적으로 그의 생각을 바꿔 주고자 노력할 것입니다. 그것은 당연한 행동입니다. 만약 자살을 방관하거나 도와준다면 범죄행위입니다. 그런데 라몬의 경우에는 그와 친해지면 누구라도 그의 자살을 지지하고 그의 요청을 들어주고 싶어 합니다. 그를 잘 살 수 있게 도우려 한 심리치료사와 변호사, 그의 모습을 TV를 통해 보고 찾아간 사람들, 그리고 그를 자식처럼 지극 정성으로 30년간 보살펴준 형수까지 라몬의 삶에 있어서 '죽음이 곧 자유'라는 그의 주장에 공감하며 그의 뜻을 존중하게 됩니다. 과연 무엇이 그들을 그렇게 움직이게 했을까요?

장 아메리가 선택한 자유 죽음

장 아메리는 모든 자살을 '자유 죽음'으로 인정합니다. 어느 누구도 다른 사람의 심리적 고통, 정신적 공허에 대해 함부로 재단해서는 안 되며, 설령 누군가가 스스로 삶을 끝낸다 해도 그것을 함부로 비난해서는 안 된다는 입장입니다.

물론 모든 자살이 지지받을 수 있을지 의문이 듭니다. 학업성적 때문에, 실연 때문에, 병 때문에 자살을 생각하는 사람이 있다면 학업성적이나 사랑이 인생의 전부가 아니라 그보다 더 중요한 것이 아주 많다고 말해 주고 싶습니다. 불치병에 걸려도 투병 과정에 새롭게 깨달을 의미가 있다는 것을 알려 주고 싶습니다.

그런데 라몬의 경우는 다릅니다. 교회나 법원의 지지는 얻지 못했지만 그의 주변 사람들은 모두 그의 자살 의지를 지지하고 기꺼이 도와주려 했습니다. 왜 그랬을까요? 실패나 실연 때문에 자살을 원했던 사람들과 라몬의 차이는 어디에 있을까요? 가장 큰 차이는 라몬의 신체가 존엄성을 지킬 수 없는 전신 마비의 상태라는 것입니다. 실패나 실연은 의지만 있다면 극복 가능하고 얼마든지 상황을 전환할 수 있습니다. 반면 라몬은 그럴 수 없었지요.

또 라몬은 죽음을 선택하기 전까지 용기 있게 그 자신의 진실한 삶을 살았다는 것입니다. 만약 라몬이 사고 직후 자살하겠다고 했다면 어땠을까요? 주변 사람들은 치료 가능한 방법이 있는지 알아보지도 않고 회복하려는 의지도 없이 성급하게 결정한다고 생각했을 것입니다. 그들은 라몬이 사고 이후 30여 년의 생을 최선을 다해 살며 회복할 수 있는 방법은 모두 찾아보았고, 주어진 여건 속에서도 의미 있는 일을 하며 지냈고, 현재의 삶을 두려워하거나 공포감을 느껴서가 아니라 충분히 숙고한 끝에 죽음의 권리를 주장했다는 것을 알기 때문에 그의 자살을 지지하고 도울 수 있었다고 생각합니다. 그렇다면 삶의 진실성을 지키며 최선을 다해 살아온 사람만이 죽음의 권리를 떳떳하게 주장할 수 있는 것은 아닐까요? 충동적으로 삶을 끝내는 것은 안타까운 일입니다. 절망에 빠져 삶을 끝내 버리는 것은 비극입니다. 책임질 일에서 도망치듯 삶을 끝내는 일은 비겁합니다. 누군가에게 상처를 주기 위해 복수하듯 삶을 끝내는 것은 스스로를 도구화하는 일입니다. 누군가 이러한 종류의 자살을 했다면 스스로의 선택에 의한 것이니 그 판단은 오로지 당사자의 몫이겠지만, 그러한 선택을 지지하기는 어려울 것 같습니다.

장 아메리가 모든 종류의 자살을 자유 죽음으로는 인정했다고 해서 생명을 함부로 저버리는 것까지 지지하지는 않았습니다. 그는 단지 자기 자신의 죽음을 결정할 주체가 국가나 종교, 가족인 데에 반대하고 자기 결정권이 중요하다고 주장한 것입니다. 그렇지만 그보다 더 중요한 것은 생명의 존엄성과 자유를 스스로 지키고 옹호하며 사는 일이라고 강조합니다. 따라서 견딜 수 없는 고통으로 생명의 존엄성과 자유가 박탈된 상태가 아니라면 자살은 스스로를 파괴하는 일임에 변함없습니다.

장 아메리는 극심한 고통으로 자신의 존재 의미가 박탈되는 경우에만 자유로운 죽음을 선택할 자유와 권리가 정당하게 주어진다고 말했습니다. 그리고 그 권리를 행사할 때는 스스로 책임감 있게 결정해야 한다고 했습니다. 개인의 생명권은 어느 누구도 강요할 수 없는 개인의 자유로운 선택이면서 동시에 진지하고도 이성적인 결정이어야 한다는 뜻입니다. 이때의 극심한 고통은 꼭 신체적인 것에 국한하지는 않습니다. 라몬처럼 전신이 마비돼서 고통을 전혀 느끼지 못한 경우라 해도 모든 것을 남에게 의존하기 때문에 겪어야 하는 수치심은 매우 심각한 심리적 고통일 테니까요.

실제로 장 아메리는 아우슈비츠라는 극한을 경험했으면서도 그것 때문에 자살하지는 않았습니다. 대신 그는 수용소의 체험을 바탕으로 인간에 대한 탐구에 전념하였으며 남은 생을 집필에 헌신하다 66세에 이르러 자유 죽음을 선택했습니다. 누구든 자신의 생명을 앞당겼다고 비난받아서는 안 되지만, 모든 종류의 자살이 지지받을 수 있는 것도 아닐 터입니다. 자유 죽음은 책임을 다한 뒤에 선택할 수 있는 최후의 결정이어야 할 것입니다. 그런 자유 죽음이라면 충분히 지지받을 수 있지 않을까요? 라몬의 친구들이 그를 지지하듯 말입니다.

니체가 말한 이성적 자살이란 무엇일까?

《내 삶의 의미》

생명체가 스스로 살기를 포기하는 일은 매우 드물지만, 인간 말고
도 해안가로 밀려온 고래가 바다로 돌아가지 않고 질식사하는 것
처럼 생존에 반대되는 행동을 하는 동물도 있습니다. 사람들이 억
지로 바다로 돌려보내도 해안으로 다시 돌아오는 고래는 참 희한
해 보입니다. 세계 곳곳에서 보고되는 이 현상에 대해 학자들은 지
구온난화나 해양오염 또는 먹이 부족 때문에 그런 행동을 한다고
추측하기도 하고, 어군탐지기나 군함에서 쏘는 초음파로 인해 이
상 행동이 나타난다고 추측하기도 합니다. 또 어떤 학자들은 우울
증 같은 정신적 이유를 들기도 하고, 위장병이나 전염병과 같은 질
병을 이유로 들기도 합니다.

여러 가설이 있을 뿐 입증된 것은 없지만 어떤 이유에서든 고래
는 자살을 선택하는 것으로 보입니다. 동물의 자살이 고래뿐만은
아닙니다. 침팬지를 오래 관찰해 온 제인 구달은 어미를 잃은 어린
침팬지가 음식을 거부하고 어미 뒤를 따른 사례를 보고했습니다.

이것은 어미 잃은 새끼들에게서 나타나는 '부모상실증후군'의 영향이라고 짐작됩니다. 이러한 몇 가지 사례는 동물의 자살 가능성을 조심스럽게 제기합니다.

그런데 이런 심리적, 병리적 이유에서 하는 자살 이외의 이성적 자살이라는 것이 동물에게도 가능할까요? 생존하기에 적합하지 않은 환경을 거부하기 위한 자살이나 스트레스로 생겨난 심리적 질병, 회복이 불가능할 정도로 심각한 질병으로 인한 자살이 아닌 명료한 이성적 판단에 의한 자살 말입니다. 그런 것이 가능하다면 그것은 오로지 인간만이 할 수 있는 행위가 아닐까 생각합니다. 사실 이런 자살은 인간들 사이에서도 보기 드문 일입니다. 대부분의 자살 동기가 실패와 좌절, 우울, 무의미와 같은 부정적인 감정에서 헤어 나오지 못한 것들이니 말입니다.

생존은 모든 생명체의 본능입니다. 질병이나 충동이 아닌 본능을 거스른 이성적인 자살이 되려면 여러 전제 조건이 있어야겠습니다. 먼저 극단적인 행동을 결단하기 이전까지 그 사람은 다른 외적 요인에 이끌리는 수동적인 삶이 아니라 이성적 의지에 따른 주체적인 삶을 살아야 하고, 다음으로는 최후의 선택을 결단하기에 앞서 깊은 숙고와 합당한 이유가 충분해야 할 것입니다.

물론 이런 과정을 거친 자살과 그렇지 않은 자살을 구분하기란 쉽지 않습니다. 자살의 주요 원인이 되는 절망과 충동, 광기, 우울 등으로부터 순수하게 이성적인 자살을 가려내기란 어려워 보입니다. 아돌프 히틀러의 자살은 냉정하고 절차적이었지만 그것은 이성적 자살이기보다는 그의 광기의 연속선상에서 이루어진 것이라고 생각됩니다. 빈센트 반 고흐는 죽기 전에 "내 몸은 내게 속하는 것이고 내 몸을 내 마음대로 하는 것은 나의 자유입니다. 그 누구의 탓도 아닙니다. 자살하려고 했던 사람은 바로 나입니다"라는 글을 남김으로써 충동적 자살의 의혹은 벗어났지만, 오랫동안 괴롭혀 온 정신병과 가난, 동생 가족에게 자신이 짐이 되고 있다는 자책감과 절망감이 쌓여 자살한 것으로도 보입니다. 어니스트 헤밍웨이는 제1차 세계대전에서 입은 심각한 총상과 두 번의 비행기 사고를 포함하여 평생 서른여섯 번의 사고와 여섯 종류의 질병을 이겨 낸 점에서는 남다른 이성과 강인함을 보여 주었지만, 끝내 자살로 생을 마감한 데는 유전적 요인과 우울증이 영향을 준 것으로 생각됩니다. 이처럼 수많은 자살 중에 이성적인 판단이 지배적인 경우를 찾아내기는 쉽지 않은 일입니다. 그럼에도 불구하고 유독 이성적 자살을 다른 것들과 구분하고자 하는 것은 이성적 자살이 함축하고 있는 철학적 의미 때문입니다.

이성적 자살이 함축하는 철학적 의미

자살은 흔히 안타까운 것, 부도덕한 것, 잘못된 것이라는 인식이 강합니다. 거부감 없는 자살은 순교나 자기희생에 의한 자살처럼 극히 이례적인 상황에만 한정합니다. 또는 회복될 여지가 없는 말기 환자의 극심한 고통을 덜어 주기 위한 자발적 안락사 정도만 허

프리드리히 니체

어릴 때부터 지적 능력이 뛰어난 니체는 신학과 고전문헌학 및 예술사를 공부하고 24세에 바젤 대학의 고전어 및 고전문헌학 교수가 됐지만 10여 년만에 건강을 이유로 교수직을 그만두고 요양과 집필에만 몰두한다. 니체는 당대 최고의 음악가 바그너에 깊이 감명받아 《비극의 탄생》을 집필하며 새로운 예술과 문화를 펼치고자 했다.

그는 대표작 《차라투스트라는 이렇게 말했다》를 통해서 전통철학과 전혀 다른 철학을 전개했다. 차라투스트라는 페르시아의 현자지만, 이 책에서는 그의 입을 빌려 니체가 펼치고자 한 철학, 힘에의 의지가 발휘되어 자기 극복과 자기 창조의 과정을 이루어야 한다는 주장을 이야기 형식으로 표현한다. 그가 이상적으로 제시하는 '위버멘쉬'가 바로 자유 정신이 실현되는 건강한 미래의 인간이다. 전통철학에서 중시 여기는 이성, 도덕, 종교 등을 비판하고 새로운 철학 체계를 만든 점에서 니체를 '망치를 든 철학자'라고 부른다.

용할 뿐입니다. 그마저도 극히 제한적이어서 국내에서는 법적으로 안락사를 금지하고 있고 불과 몇 해 전에야 죽음에 임박한 단계의 환자들을 대상으로 한 연명치료를 거부할 수 있는 존엄사만을 허용하고 있습니다. 그만큼 우리 사회에서 자살은 아주 엄격한 범위 내에서만 허용됩니다.

프리드리히 니체Friedrich Wilhelm Nietzsche, 1846-1900는 이와 전혀 상관없는 '이성적 자살'을 옹호합니다. 그가 기독교적 사상이 뿌리 깊은 시대에 살았고, 아버지가 목사였던 점을 감안하면 '이성적 자살'이란 개념을 제시한 것은 매우 파격적입니다. 그는 절망이나 무의미 때문에 어쩔 수 없이 하는 자살을 비판하고 오직 이성적 자살만을 허용했으며, "삶에서 좌절했기 때문이 아니라 삶을 최고로 승화하기 위해서" 자살한 사람들을 위대한 자살자라고 불렀습니다. 니체에 의하면 이들은 더 오래 살게 해 달라고 의사에게 매달리지도 않고, 죽어서 천국에 가게 해 달라며 신에게 애원하지도 않는다는 점에서 최고로 독립적이며 자유로운 자들입니다. 삶에 대한 염증 때문이 아니라 삶에 대한 사랑 때문에 자살을 선택하는 것이 이성적 자살의 핵심입니다.

종교에서는 자살을 신이 주신 생명을 함부로 훼손하기에 부도덕하다고 봅니다. 동양의 유교에서도 부모님께서 주신 신체를 훼손하는 것은 크나큰 불효이며 인간의 도리가 아니라고 보지요. 그러나 니체는 민폐를 끼쳐 가며 죽음이 찾아올 때를 마냥 기다리는 것이 오히려 "가장 경멸할 만한 조건들 아래에서의 죽음이며, 자유롭지 않은 죽음, 제때에 죽지 않는 죽음, 비겁한 자의 죽음"이라고 합니다. 삶을 사랑하는 자라면 자유로우면서도 의식적으로 그리고 의지적으로 살다가 죽는 것을 선택해야 한다고 합니다. 그러한 태도로 살지 않다가 돌연히 죽는다면 비겁하다는 것입니다.

니체는 삶과 죽음에 도덕의 기준을 적용하지 않습니다. 단지 삶에도 품위 있는 삶과 그렇지 못한 삶이 있고 자살에도 품위 있는 자살과 그렇지 못한 자살이 있을 뿐입니다. 다시 말해 위대한 자살과 저열하고 비겁한 자살을 구분하지, 옳은 자살과 잘못된 자살을 구분하지 않습니다. 그의 입장에서 삶에 대한 원한 때문에 자살을 택한 사람들은 삶을 짊어지기에는 너무나도 병약해서 비겁한 행위를 하는 것입니다. 이는 자포자기에 의한 자살로 품위 없는 자살에 해당합니다.

반면 품위 있는 자살은 죽음을 의연하게 맞이합니다. 그러기 위해서는 죽음을 맞이할 때 정신이 온전할 뿐만 아니라 신체적으로도 가장 건강한 상태여야 합니다. 품위 있는 자살은 죽음에 대한 합리적 대처로서 오로지 개인의 자유로운 결단에 의거한 '자유로운 죽음'이자 '이성적 죽음'입니다. 이런 죽음만이 축제로 승화될 수 있고, 공포의 대상이 아니라 친구일 수 있는 죽음입니다.

이런 품위 있는 죽음은 그동안 어떤 삶을 살아왔는지와 깊이 연관됩니다. 주어진 것에 순응하며 살아온 사람, 세상 사람들에게 휩쓸려 성공과 이익만을 추구하며 살아온 사람, 자기 자신을 창조하지 않고 나태하게 살아온 사람은 결코 이런 품위 있는 죽음을 맞이할 수 없습니다. 니체는 이런 사람들을 '최후의 인간, 병약한 인간'이라고 합니다.

이에 반해 니체가 제시하는 이상적 인간은 **위버멘쉬**^{Übermensch}입니다. 니체는 이런 사람만이 품위 있는 죽음에 이를 수 있다고 합니다. 니체가 말한 품위 있는 죽음에 이르는 이성적 자살은, 그동안 위버멘쉬적 삶을 살아온 사람이 창조자의 역할에 대한 자신의 의지적이고 의식적인 노력의 한계를 깨닫고 위버멘쉬적 삶을 더 이상 추구할 수 없다는 판단하에, 스스로 죽을 결심을 하고 단행하

위버멘쉬

독일어로 '위버^{Über}'는 '무엇을 넘어서'라는 뜻이고 '멘쉬^{mensch}'는 '인간'
이라는 뜻이다. 이는 "자신을 넘어서 무엇인가를 창조하는 자"이자, 현
재의 인간 유형을 극복할 수 있는 새로운 인간 유형인 '초인'으로, 위버
멘쉬는 자기 삶의 주인으로 살며 자기 극복을 통한 자기 창조적 삶을 사
는 자이다.

는 것입니다.

니체가 이러한 이성적 자살 개념을 제안했다고 해서 사람들에게
실제로 자살을 권했다고 이해하는 것은 곤란합니다. 니체에게 이
러한 이성적 죽음은 완성하는 죽음, 제때 이루어지는 죽음, 자유로
운 죽음을 의미하지만, 그는 자신의 죽음을 반성의 기회이자 결단
의 계기로 보고 오히려 이성적이고 의지적으로 자신의 삶을 창조
하며 살라고 했습니다. 시대를 앞서간 니체는 이러한 자신의 주장
이 당대에 적합하지 않다는 것을 알고 있었습니다. 그래서 "죽음을
현명하게 생각하는 것, 죽음에 현명하게 대응하는 것은 지금은 도
무지 이해할 수 없고 아마도 비도덕적으로 들리는 미래의 도덕에
속할 것"이라고 말했습니다.

니체가 말한 이성적 자살에 해당하는 실제 사례를 찾기는 매우
어렵지만 프랑스에서 활동한 작가 로맹 가리가 그에 가깝지 않을
까 생각합니다. 러시아에서 태어난 로맹 가리는 프랑스의 외교관
으로 활동하면서 작가로서 명성을 얻었고 미국에서 영화인으로도

활동했던 매우 다채로운 이력의 인물입니다. 이러한 독특한 인생을 살게 된 데는 남다른 행운 덕분이기보다는 스스로가 자신의 삶을 창조하고자 하는 의지가 매우 강했기 때문입니다.

로맹 가리는 죽기 몇 달 전 캐나다 공영방송의 〈말과 고백〉이라는 프로그램에서 자신의 삶을 대담 형식으로 회고했습니다. 젊을 때부터 자서전에 해당하는 작품을 이미 세 편이나 저술한 그였지만, 라디오 대담에 앞서서 앞으로는 예전처럼 자전적 작품을 쓸 만큼 살날이 많지 않으니 대담으로 자신의 삶에 대해 말하겠다고 합니다. 이러한 상황으로 볼 때 그는 대담 당시 이미 자살을 결심했으리라 짐작되고, 대담을 통해 독자들에게 자신의 유언을 직접 전하고자 했다고 보입니다. 이 방송은 그가 죽은 지 2년 후인 1982년에 공개됐고, 당시의 대담은 《내 삶의 의미》라는 책으로 2014년에 출간됐습니다. 우선 먼저 로맹 가리라는 인물에 대해 살펴보도록 하겠습니다.

"마침내 나를 완전히 표현했다"

로맹 가리는 러시아에서 가난한 단역 배우의 사생아로 출생했습니다. 그의 어머니는 의욕이 지나친 사람이었고 아들에게 거는 기대 또한 매우 허황됐습니다. 그는 프랑스에 대한 환상을 품고 있어서 자신의 아들만큼은 프랑스인으로 키우고 싶었습니다. 로맹 가리는 열네 살이 되어서야 프랑스로 이주했는데 자신을 위해 모든 것을 헌신한 어머니를 기쁘게 해 드리기 위해 프랑스어 시험에서만큼은 프랑스어를 모국어로 하는 학생들을 제치고 늘 1등을 차지하였습니다.

로맹 가리는 제2차 세계대전 중에 공군에 자원했습니다. 장티푸스로 6개월간 사경을 헤매기도 했지만 낮에는 전투를, 밤에는 글을 써서 전쟁 중에 첫 장편 소설 《유럽의 교육》을 출간하여 비평가상을 받았습니다. 그에게 전쟁의 가장 큰 성과는 샤를 드골 장군으로부터 명예 훈장을 받은 것이고, 그 결실로 외무부에서 외교관으로 일할 수 있게 되었습니다. 이러한 성과는 모두 어머니의 소원을 이루고자 노력한 덕분이었습니다. 그러나 제2차 세계대전이 끝나고 빛나는 훈장을 달고 어머니가 있는 집으로 돌아갔을 때, 어머니는 이미 3년 전에 암으로 돌아가셨다는 것을 뒤늦게 알게 되었습니다. 어머니는 죽기 전에 300여 통의 편지를 미리 써 두고 친구에게 주기적으로 발송하도록 부탁하여 전쟁터에 있는 아들이 자신의 죽음을 눈치 채지 못하게 했던 것입니다.

작가 로맹 가리에게 특이한 점을 꼽으라고 하면 때때로 여러 가명으로 작품을 발간했다는 점입니다. 60세가 된 해에는 자신의 본명 로맹 가리 외에도 샤탕 보가트, 에밀 아자르라는 이름으로 세 권의 책을 출간할 정도로 왕성하게 활동했습니다.

1975년 에밀 아자르의 《자기 앞의 생》은 프랑스에서 가장 권위 있는 문학상인 공쿠르상 후보에 오릅니다. 공쿠르상은 한 사람이 평생 한 번만 수상할 수 있는데 에밀 아자르, 즉 로맹 가리는 1956

년에 발표한 《하늘의 뿌리》로 공쿠르상을 받았기 때문에 5촌 조카 폴 파브로비치를 에밀 아자르라고 속이고 심사위원회에 수상을 거부한다는 의사를 전달합니다. 하지만 에밀 아자르와 로맹 가리가 같은 사람이라는 것을 몰랐던 심사위원회는 '공쿠르상은 탄생이나 죽음처럼 거부될 수 없는 것'이라며 수상을 강행합니다. 로맹 가리는 자신이 에밀 아자르라는 점을 죽을 때까지 밝히지 않았기 때문에 한 사람이 공쿠르상을 두 번 수상했다는 사실은 로맹 가리가 죽은 뒤에나 밝혀집니다.

로맹 가리는 때로는 본명으로, 때로는 가명으로 꾸준히 작품을 출간하며 왕성하게 활동했지만 5촌 조카가 로맹 가리의 뜻과 달리 독자적으로 행동하면서 문제가 생깁니다. 결국 로맹 가리는 죽기 1년 전인 1979년, 에밀 아자르로 마지막 책을 출간한 뒤 모든 비밀을 밝힌 〈에밀 아자르의 삶과 죽음〉을 탈고하고 죽은 뒤에 출판사에 전달하게 했습니다. 그리고 생애 마지막 해인 1980년에는 로맹 가리로 쓴 마지막 작품을 출판사에 넘기고 라디오 방송에 출연해 자신의 인생을 구술로 회고한 몇 달 뒤 자살합니다. 로맹 가리가 남긴 쪽지에는 자신의 자살이 충동이나 절망으로 인한 것이 아니라 철저히 이성적 숙고에 의한 결단이라고 밝히고 있습니다.

D데이 …… 답은 내 자전적 작품의 제목 '밤은 고요하리라'와 내 마지막 소설의 마지막 구절 '더 잘 말할 수 없기에'라는 말에서 찾기 바란다. 나는 마침내 나를 완전히 표현했다.

자기 자신에 대한 완전한 표현이 자살이라는 점이 아이러니하지만, 이것은 바로 니체가 말한 이성적 자살에 해당합니다. 니체에게서 이성적 자살의 가장 중요한 조건은 '어떤 삶을 살았는지'입니다. 얼마나 많은 부와 권력을 쌓았는지가 중요한 것이 아니라 자기 삶을 스스로 창조하며 의미 있게 살았는지, 한마디로 위버멘쉬적 삶을 살았는지가 이성적 자살의 조건입니다. 니체의 위버멘쉬는 인간의 신체적 한계를 극복한 신적인 존재가 아닙니다. 위버멘쉬는 신체적 한계를 지닌 인간이 이 지상에서 자신의 고유한 삶의 의미를 찾은 실존적 이상입니다.

위버멘쉬의 가장 큰 특징은 항상 자신을 넘어서고 극복하여 스스로 새롭게 창조하는 삶을 사는 것입니다. 안정된 상태를 유지하며 고정적으로 사는 것이 아니라 지속적인 상승을 위해 변화하는 존재라서 파악하기가 어렵습니다. 로맹 가리가 법대생, 군인, 작가, 외교관, 영화인이라는 다양한 삶을 산 것은 끊임없는 자기 창조의 삶을 살았음을 말해 줍니다. 작가로도 유명해진 시점에 여러 개의 가명을 내세워 전혀 다른 필체로 완전히 새로운 작품을 여러 편 출간했다는 사실은 자기 창조에 능숙했던 인물임을 보여 줍니다.

그가 추구한 문학적 추구 또한 남성이라는 자신의 한계를 넘어서고 있습니다. 《내 삶의 의미》에서 로맹 가리는 자신이 쓴 서른 권의 소설이 모두 '여성, 여성성'을 추구한 것이라고 고백합니다. 여성을 향한 사랑이야말로 삶의 큰 동기이자 큰 기쁨이었다는 것입니다. 로맹 가리가 말한 여성성은 여성의 가치라고 꼽히는 다정

함, 연민, 사랑 등을 의미하는 것입니다.

어떻게 이런 삶이 가능했을까요? 그것은 로맹 가리가 자신의 내면에 있는 힘에의 의지, 생명력을 마음껏 자유롭게 펼칠 수 있는 존재이기 때문입니다. 로맹 가리는 자신이 한 일들의 의미를 찾고 긍정했습니다. 그렇게 끊임없이 자기를 극복하기 위해 최선을 다하다가 그 모든 것이 완결되었다고 판단한 시점에서 이성적 죽음을 선택한 것입니다. 자기 삶의 완성이라는 한 가지 목표를 위한 이성적 수단으로서 선택한 죽음입니다.

니체는 "자연적 죽음은 온갖 이성과는 독립된 죽음으로서 비이성적 죽음이다. …… 마치 병들고 왜곡되고 바보 같은 간수가 고결한 죄수의 죽음 시점을 결정하는 주인 역할을 하는 것과 같다"라며 자연적 죽음을 낮추어 보았습니다. 그렇다고 아무나 이성적 죽음을 선택할 수는 없습니다. "제때에 살지 못하는 자가 어떻게 제때에 죽을 수 있겠는가?"라며 삶이 무의미하다고 느껴지거나 만족스럽지 않다고 해서 함부로 죽음을 바라서는 안 된다고 경고합니다. 자신의 삶을 끊임없이 창조하고 새로운 삶의 의미를 추구하며, 이런 삶에 가치를 부여하며 긍정하면서 사는 것, 이것이 제때 사는 것이며 제대로 사는 것입니다. 이런 삶을 추구하는 자만이 자신의 죽음을 이성적으로 결정할 수 있습니다. 이성적 자살은 아무나 할 수 있는 것이 아니라는 뜻입니다.

열정과 냉정 사이의 마법

로맹 가리는 《마법사들》에서 작가를 상상력을 발휘한 마법을 통해 지루하고 혹독한 현실 너머 상상의 세계를 펼쳐 보이는 사람으로 정의합니다. 그리고 작품은 마법사의 지팡이와도 같은 것이라고 하지요. 작가가 독자에게 줄 수 있는 가장 큰 선물은 진실이 아니라 환상이라고 한 점에서 보면 로맹 가리에게는 환상이 진실보다 더 중요한 가치가 됩니다.

상상으로 얻을 수 있는 것은 자유로운 세계이자, 생기 넘치는 삶입니다. 그는 이전의 위대한 작가들 모두를 소설로 "세상을 홀린 마법사"들로 보았고 자신도 완전히 새로운 마법사가 되기를 소망했습니다. 그가 필명을 사용한 것도 새로운 마법을 구사하기 위한 실험이었을 것입니다. 그가 5촌 조카를 내세워 자기 자신을 숨긴 것 그리고 끝까지 들키지 않은 것 또한 하나의 마법이자 예술이라고 생각됩니다. 가명으로 작품을 출간할 때 비평가들과 독자들은 새로운 마법에 홀리듯 빠져들었고, 죽기 전 6년간 새 마법의 힘을 마음껏 발휘하다가 그 힘이 다했다고 판단했을 때 자신이 시작한 실험을 스스로 종료한 것으로 보입니다. 그런 점에서 그의 죽음은 실패한 마법이 아니라 그 자신이 펼친 마법의 완성이라고 할 수 있습니다.

마법사는 어떤 존재인가요? 마법사는 사람들에게 환상을 보여 주고 도취에 빠지게 합니다. 《비극의 탄생》에서 환상과 도취에 대

아폴론적인 것과 디오니소스적인 것

삶의 아름다움을 추구했던 니체는 고대 그리스 비극 예술에서 자신이 추구하는 예술의 본질을 탐구했다. 니체는 비극 예술을 실현하고 발전시키는 것이 고대 그리스의 아폴론적인 것과 디오니소스적인 것이라고 보았다. 아폴론과 디오니소스는 둘 다 '예술의 신'이다. 아폴론적인 예술은 눈으로 볼 수 있고 눈으로 확인할 수 있는 조각과 같은 것이고 디오니소스적인 예술은 눈에 보이지 않는 음악과 같은 것이다. 그 두 요소는 너무나 다르기 때문에 서로가 서로를 이기려고 싸우지만, 서로가 서로를 필요로 하기 때문에 주기적으로 화합한다. 예술을 가능하게 하는 두 개의 기둥과도 같은 것으로 비극 무대에서 아폴론적 예술은 눈에 보이는 배우의 움직임인 반면 디오니소스적 예술은 음악이다. 음악은 눈에 보이지 않지만 비극의 중요한 요소이고 이 둘이 서로 대립하면서 서로가 더 강력해지면서 비극이 탄생한다고 보았다.

해 밝힌 니체는 예술의 충동을 대변하는 아폴론과 디오니소스를 언급하며 환상과 도취를 설명합니다. 그는 **아폴론적인 것과 디오니소스적인 것**을 예술의 두 가지 충동으로 보는데, 예술을 낳을 수 있는 가상에의 충동과 도취에의 충동이 각각 그에 해당합니다. 가상에의 충동이란 아름다운 가상을 만들어 내는 충동으로 그림과 조각 같은 조형예술을 가능하게 하고, 도취에의 충동이란 자기 자신의 독립적인 개별성을 잊고 모든 것과 하나가 되고 싶은 충동인데 춤과 음악 같은 비조형예술을 가능하게 합니다. 아폴론은 빛의 신입니다. 빛은 사물을 똑바로 인식하고 규정하고 정의 내릴 수 있는 한편 허구를 만들어 내고 환상을 만들어 냅니다. 아폴론적인 것이 비전, 가상, 환영의 예술을 만들지만 기존의 비전, 가상, 환영에 묶여 있으면 새로운 것을 받아들이지 못합니다. 그래서 도취와 망각, 소통을 위해 술의 신 디오니소스적인 것이 필요합니다.

도취란 우리의 모든 신체 기관이 흥분되어 있는 상태를 말합니다. 이것은 감정 체계 전체가 고조되고 자신이 지닌 모든 표현 수단을 한꺼번에 분출하게 하여 다른 것과 일체가 되도록 합니다. 니체는 《우상의 황혼》에서 도취가 모든 예술을 가능하게 하는 충동이라고 합니다. 경기에서 승리하고 싶은 욕망과 경기에 임했을 때의 강렬한 흥분 상태, 축제 중의 몰아 상태, 용감한 행위를 할 때, 고통과 시련을 이겨 내고 가슴이 벅차고 부풀어 올라 의기충천한 상태 등이 도취된 상태입니다. 도취의 본질은 내 안의 생명력이 상승한다는 느낌과 충만하다는 느낌입니다. 예술은 이러한 느낌을 표현하는 활동이고, 예술을 경험하는 사람들 또한 작가가 표현한 그러한 느낌 속으로 끌어당깁니다. 우리는 예술을 통해 넘치는 생명력을 갖고 사물들을 아름답게 봅니다. 니체는 이러한 예술의 원리가 비단 예술에만 국한한 것이 아니며, 이를 삶의 원리에 적용하여 궁극적으로는 삶을 예술로 만들어야 한다고 주장합니다. 그래서 "삶은 예술을 통해 구원된다", "세계는 오직 미적으로만 정당화된다" 같은 니체의 선언이 나온 것입니다.

역사적으로 종교가 지배하던 시절에는 신이 인간을 구원한다고 보았습니다. 과학이 발전하면서 종교가 의심받고 더 이상 절대적인 진리를 믿지 않게 된 세속화된 시대에는 과학의 진리만이 정당하다고 보았습니다. 하지만 과학의 지식이 아무리 유용하더라도 삶의 의미까지 알려 주지는 않습니다. 니체는 오직 예술만이 알려 줄 수 있다고 보았습니다. 이때의 예술은 유명 작가의 작품 같은 것이 아닙니다. 현재의 것, 눈앞의 것을 넘어선 새로운 가치, 새로운 의미를 창조하는 도취의 상태이고, 힘에의 의지가 충만한 상태입니다. 이처럼 생명력의 충만으로 생겨난 도취를 불러일으키는 자가 로맹 가리에게는 마법사이고 니체에게는 위버멘쉬입니다.

자신을 마법사라고 한 로맹 가리는 니체가 말하는 위버멘쉬적 삶을 추구했고, 이성적 자살이라는 수단으로 자신의 삶을 완성했습니다. 로맹 가리의 자살은 니체의 관점에서 제때 이루어지는 죽음의 사례라고 생각합니다. 그러나 우리는 한사람의 인생 전체를 알지 못합니다. 수없이 많은 사람이 왜 자살했는지, 그들의 진짜 동기가 무엇이었는지 알 수는 없습니다. 어쩌면 로맹 가리에게도 숨은 동기가 있었을지도 모르겠습니다. 그러나 한 가지 확실한 것은 로맹 가리가 마법사로서 꽤 성공했다는 것, 그가 이 세상에 존재하지 않는 이 시점에도 여전히 그의 마법이 발휘되고 있다는 것입니다. 그의 작품은 시간이 지난 지금도 여전히 많은 이에게 상상과 자유를 불러일으키고 환상적인 이야기의 세계로 이끌고 있습니다. 그는 자신의 운명을 사랑하고 긍정했으며, 이성적 자살로 자신의 삶을 완성한 셈입니다.

죽음을 최대한 늦춘다고 행복해질까?

《죽음》

인간은 얼마나 오래 살 수 있을까요? 고대 로마인의 평균 수명은 17세, 17세기와 18세기 유럽인의 평균 수명은 각각 25세와 30세였습니다. 1900년만 해도 미국인의 평균 수명이 47세였으니 고대 로마 시대와 비교해도 평균 수명이 크게 늘었다고는 할 수 없습니다. 그러나 오늘날 한국인의 평균 수명은 80세를 넘었습니다. 이는 과거에 비해 매우 놀라운 발전이라고 할 수 있습니다. 만약 의료기술이 앞으로 더 발달한다면 인간은 몇 살까지 살 수 있을까요? 드물기는 해도 100살은 이미 우리가 누릴 수 있는 나이입니다. 그러면 200살? 500살? 좀 더 과감하게 1000살은 어떤가요? 1000살을 사는 것은 너무 지루해 보이나요? 미래를 정확히 예측하기는 어렵지만, 의료기술에 대해 낙관하고 있는 과학자들은 우리가 상상하는 것 이상의 수명 연장을 논의하고 있습니다. 우리는 이미 예방접종, 항생제, 항암치료, 심혈관 우회술 등으로 수명 연장에 놀라운 변화를 이끌어 냈습니다. 건강하게 살면서 죽음을 최대한 늦추는 것은 많은 사람의 소망이지만 그것이 실현 가능한지, 그렇게 되는 것이 정말 좋은 것인지에 대해 생각해 보고 싶습니다.

최근에 수명 연장에 대한 혁명적 아이디어가 나왔습니다. 미래학자 레이 커즈와일이 쓴 《특이점이 온다》에는 '특이점Singularity'이라는 개념이 등장합니다. 그는 컴퓨터 기술이 인간 뇌의 계산 능력을 뛰어넘는 순간을 의미하는 이것이 2050년경에 온다고 주장합니다. 그때에는 뇌와 컴퓨터의 인터페이스를 통해 죽는 순간 뇌에 간직된 기억과 경험과 사고 패턴을 남김없이 슈퍼컴퓨터에 다운로드하는 '마인드 업로딩'을 할 수 있다고 합니다. 마인드 업로딩은 마음과 성격을 고스란히 디지털화하고, 그 정보를 로봇이나 다른 사람의 몸에 이식함으로써 '영생'을 누리는 것이지요. 하지만 임종 순간 컴퓨터를 통해 복제한 뇌가 정말 실재했던 자기 자신이라고 할 수 있을지, 죽지 않은 것처럼 의식의 연속성을 확보할 수 있을지, 디지털화하는 과정에서 누락되는 것은 없을지, 감각 기관인 육체 없이 살아가는 것도 실제로 산다고 할 수 있을지 풀어야 할 의문들이 아직 많이 남아 있습니다.

레이 커즈와일 외에도 여러 미래학자는 죽음이 임박했을 때 우리의 마음을 업로드하는 기술이 현실화될 가능성이 있으며, 그런 기술이야말로 인간의 가장 큰 문제인 죽음을 해결할 위대한 진보라고 주장합니다. 물론 마인드 업로딩에 관해서는 전적으로 동의할 수 없는 부분이 있습니다. 뇌의 데이터를 모두 업로딩했다고 마음까지 다 담았다고 할 수 있는지가 문제입니다. 인간의 마음이 뇌에서 일어나는 전기화학적 신호처리 과정의 총합에 불과하다고 믿는다면 둘은 동일한 것이라고 하겠지만, 마음이 뇌 기능의 총합으로 환원될 수 없다면 동일한 것이 될 수 없습니다. 그 점에서 미래학자들이 뇌의 데이터 업로딩을 '마인드 업로딩'이라고 부르는 것이 타당한지, 그러한 기술이 실현되었다 해도 그것이 정말 '나'의 불멸일지 의문입니다.

마인드 업로딩이 미래에 관한 것이라면 인체냉동보존술은 현재 실행하고 있는 기술입니다. 이 기술은 현대의학으로 치료할 수 없어 죽은 사람의 육체를 인체냉동시설에 보존했다가 치료법이 개발되는 미래에 해동하여 치료함으로써 재생시키는 방법을 제시합니다. 이밖에도 아직 실현된 것은 아니지만 비용 절감을 위해 머리와 뇌만 냉동 보존하는 신경냉동보존술도 있습니다. 머리를 신체와 분리하여 자기의식과 기억이 담겨 있는 뇌만 보관하는 것입니다. 마인드 업로딩처럼 미래의 의료기술이 발전하면 뇌는 새로운 육체에 연결하거나 로봇에 연결함으로써 부활하겠지요. 그러나 아직까지 이러한 기술의 성공 사례는 없습니다. 이처럼 많은 비용이 들고 성공 가능성도 희박한 기술에 희망을 거는 사람들은 무엇을 기대하는 걸까요? 대체 얼마나 오래 살면 만족할 수 있을까요?

순화된 죽음에서 금기시된 죽음으로

오늘날처럼 죽음을 피하고자 하는 마음이 이전에도 지배적이었을까요? 역사학자 필립 아리에스에 따르면 과거 서양에서는 죽음을 부정적으로 보지 않았고 피하지 않았으나, 중세에서 현대로 넘어오면서 혐오와 부정의 방향으로 변화했다고 합니다. 그는 서양에서의 죽음은 중세의 '순화된 죽음'에서 '개인화된 죽음', '대상화된 죽음'을 거쳐 현대의 '금기시된 죽음'으로 변화했다고 합니다.

중세부터 18세기까지의 사람들은 죽음을 거부하거나 저항하지 않고 삶의 일부로 받아들였습니다. 당시 평균 수명을 감안하면 대부분의 사람은 현대인보다 훨씬 이른 나이에 죽었으므로 가까이에서 직접 죽음을 보고 임종의 순간을 가족이 모두 함께했습니다. 이것을 '순화된 죽음'이라고 일컫습니다. 한 예로, 15세기에 출간된 《죽어감의 기술》은 기독교적 내용이 강조되어 있긴 하지만, 죽어 가는 사람이 가져야 할 태도와 그의 가족, 친구들이 지켜야 할 태도 등을 소개하며 죽음을 긍정적으로 바라보고 편안하게 맞이할 수 있게 한 책입니다. 그러다 중세 말부터 기독교를 믿는 신자와 비신자 사이에서 하느님의 심판이라는 개념이 강조되면서 죽은 후에 인간 영혼이 개별적으로 심판을 받아 천국과 지옥으로 간다는 믿음이 등장합니다. 이때부터 죽음이 개인화되고 개인의 삶과 특징을 묘지에 나타내려는 태도가 등장합니다.

그러다 18세기에 이르러서는 그동안 친숙한 것으로 여겨지던 죽음이 일상과 매우 다른 특별한 사건으로 여겨집니다. 중세 초기만 해도 순화된 것으로 비교적 평온하게 받아들여지던 죽음은 이제 비탄에 젖어 슬픔을 표현하는 것으로 변합니다. 이때부터 죽은 사람을 오래도록 기억함으로써 그들을 위로하려는 노력의 일환으로 추모 행사를 열고 묘지를 화려하게 꾸미거나 커다란 비석을 세우는 일이 생겼습니다. 이러한 변화를 아리에스는 '대상화된 죽음'이라고 부릅니다.

이후 19세기 후반과 20세기 초기에 또 한 번 죽음에 대한 태도가 급격하게 변화했습니다. 생명체라면 자연스럽게 마주치는 것이 죽음인데, 이 시기에 이르면 죽음은 회피되고 금기시됩니다. 이렇게 된 데는 죽음의 장소가 가정에서 병원으로 변화된 현실과 행복에 집착하는 사회적 분위기가 원인입니다. 의료기술이 발달한 오늘날의 우리는, 아프면 가정이 아닌 병원에서 전문 의료인의 관리를 받다가 중환자실이나 요양시설에 입원합니다. 그리고 그곳에서 최대한 생명을 연장하려는 의료진의 시도를 견뎌내다가 의식 불명 상태에 빠져 소멸하는 죽음을 맞이하는 것이 대부분입니다. 이렇다 보니 임종의 순간을 가족 모두가 함께하기가 어려워지고 지금까지 삶의 대부분을 살아왔던 공간에서 격리된 채 죽음을 맞이하게 된 것입니다. 때문에 죽음을 간접적으로나마 접할 기회가 줄어들었고 이와 더불어 현대 사회가 추구하는 행복이라는 가치와 슬프고 억눌린 분위기의 죽음이 맞지 않아 회피 대상이 되었습니다. 이를 '금기시된 죽음'이라 부릅니다.

오늘날 우리 사회도 마찬가지입니다. 사람들은 죽음을 함부로 입에 올리지 않고, 집안에 결혼을 앞둔 사람, 아픈 사람, 백일이나 돌을 앞둔 아기가 있으면 부정 탄다는 이유로 장례식에 가는 것을 금기시하고 있습니다. 장례식에 가면 안 되는 합리적 이유가 있는 것도 아닌데 단지 부정 탄다는 사회적 금기를 만들어 그런 관습이 생겨난 것입니다.

한편에서는 아리에스의 분석이 과도하게 일반화되고 역사적 자료가 편향되고 다양한 계층과 문화의 차이를 무시했다고 지적합니다. 그렇지만 죽음 태도에 대한 그의 분석은 죽음에 대한 태도가 역사적으로 크게 변화했다는 것을 말해 줍니다. 특히 현대 사회에서 죽음을 금기시하고 회피하려는 경향을 잘 설명하고 있습니다.

오늘날 우리 대부분은 죽음을 금기시하는 것에서 더 나아가 무관심하기까지 합니다. 이러한 태도는 우리가 속한 사회와 문화의 영향 때문입니다. 도시화, 핵가족화가 심해지면서 집안에서 노인이나 중환자를 돌보기 힘들어졌고, 의료기술의 발전으로 병원에 점점 더 기대다 보니 죽음을 가까이서 맞이하며 친숙해질 기회가 차단되어 있습니다. 그래서 죽음은 점점 더 우리의 일상으로부터 격리된 생소한 것이 되고 말았습니다.

우리 사회의 물질주의 또한 이에 한몫합니다. 물질적 욕구를 부추기고 쾌락과 행복을 추구하는 사회에서는 미래에 일어날 죽음을 생각하며 암울한 기분을 느낄 틈을 주지 않으려고 합니다. 죽음을 떠올리면 물질적 욕구가 감소하고 쾌락과 행복을 추구할 의욕이 떨어지니, 더 많은 것을 소비하도록 부추기는 자본주의 사회에서는 죽음과 관련된 것을 최대한 배제하려 합니다. 게다가 바쁜 현대인들은 평소 죽음에 대해 생각할 여유조차 없습니다. 이러한 현대 사회의 특성으로 인해 사람들은 점점 더 죽음에 대해 무관심해지고 있지만, 아무리 과학기술이 발달하고 아무리 물질적으로 풍요로워져도 죽음 자체를 회피할 수 없습니다. 그렇다면 삶과 죽음에 대한 성찰 없이 갑작스럽게 죽음을 맞이하는 것을 경계해야 하지 않을까요? 과거와 달리 일상 속에서 죽음을 관찰할 기회도 드물고 죽음에 대해 생각할 기회도 적어진 만큼 죽음은 이전보다 더 낯설고 더 충격적인 문제가 될 테니까요.

천 살을 살 수 있다면

베르나르 베르베르는 수명 연장의 문제를 소설 《죽음》에서 주인공 자신의 살인 사건에 대한 미스터리를 풀어가며 시작합니다. 작가인 주인공 가브리엘 웰즈는 42세 생일 파티 다음 날 아침, 잠에서 깨는 순간 새로 구상한 작품의 첫 구절을 생각해 냅니다.

누가 날 죽였지?

이렇게 말한다는 것은 이미 누군가에게 죽임을 당했다는 의미인데 죽은 상태에서 누가 자신을 죽였냐고 묻고 있으니 현실에서는 결코 던질 수 없는 불가능한 물음이라는 점에서 흥미롭습니다. 그런데 소설에서는 불가능한 일을 할 수 있습니다. 누군가에게 살해당한 가브리엘은 지금 영혼 상태이기 때문입니다. 사실 가브리엘은 아침에 일어나 자신의 후각이 상실된 것을 깨닫고 주치의가 있는 병원으로 달려갔습니다. 그러나 그때에도 자신이 죽었다는 사실을 알지 못했습니다. 그런데 병원에서 진료를 마치고 나온 뤼시가 그 사실을 알려 줍니다. 뤼시는 가브리엘이 자신을 영매의 길로 이끈 책《죽은 자들》의 저자라는 것을 알게 된 후에는 가브리엘의 살인 사건을 해결하는 데 뛰어듭니다. 또 떠도는 영혼인 가브리엘의 할아버지 이냐스 웰즈도 함께합니다.

가브리엘의 살인범을 찾아가는 과정의 중심에는 가브리엘의 또 다른 소설《천 살 인간》이 있습니다. 가브리엘이 죽기 전 마지막으로 완성한 SF 작품으로 최대한 오래 사는 방법을 다룬 책입니다. 가브리엘이《천 살 인간》을 구상하게 된 데에는 물리학자인 그의 쌍둥이 형 토마가 알려 준 세 가지 과학적 사실이 큰 역할을 했습니다. 그중 첫 번째는 여왕을 중심으로 군집을 이루어 사는 이집트 벌거숭이 두더지쥐입니다. 어떤 질병에도 대항할 수 있는 면역력이 있고 암에도 걸리지 않다 보니 다른 포유류보다 수명이 열 배나 깁니다. 두 번째로는 뇌를 비롯한 몸의 모든 부위에 재생 능력이 있는 멕시코 도롱뇽 아홀로틀입니다. 오늘날 의학 전문가들도 아홀로틀이 지닌 재생 능력의 비밀인 '유형 성숙' 현상을 연구하고 있을 정도로 신기한 동물입니다. 세 번째로는 수명이 최대 200살에 이르는 갈라파고스 거북이입니다. 과학자들이 노화를 연구할 때 많이 관심 갖는 동물입니다.

살인범으로 떠오른 유력한 용의자는 가브리엘의 책을 출판하는 빌랑브뢰즈 출판사의 사장입니다. 가브리엘의 죽음으로 가장 큰 이득을 보는 사람이 출판사 사장이기 때문입니다. 마침 빌랑브뢰즈 출판사에서는 가브리엘의 죽음을 기회로 기존에 덜 알려진 가브리엘의 책들을 재출간하여 높은 판매고를 올리고 있었습니다. 그뿐만 아니라 GWV(가브리엘 웰즈 버추얼Gabriel Wells Virtual)라는 작가의 생각을 재현할 수 있는 컴퓨터 프로그램을 개발해 가브리엘의 문체를 그대로 살려 《천 살 인간》을 출판할 것이라고 홍보해서 큰 수익을 내고 있었습니다.

사실 《죽음》은 가브리엘을 살해한 자가 누구인지를 추리해서 밝히는 소설은 아닙니다. 우리가 주목해야 하는 것은 《천 살 인간》의 모티브와 GWV의 존재가 수명 연장에 대한 생각을 새롭게 환기하는 부분입니다. 《죽음》은 수명 연장의 여러 가능성을 제시하고 있습니다. 먼저 천 살을 사는 것에 대해 생각해 볼까요? 가브리엘이 쓴 《천 살 인간》처럼 지구에 존재하는 세 동물로부터 인간의 수명을 연장할 수 있는 방법을 알아내는 것이 가능할지도 모르겠습니다. GWV가 쓴 《천 살 인간》은 "누구나 한 번쯤은 자신의 생명이 무한히 연장되는 꿈을 가져보지 않았을까?"로 시작합니다. 이 구절을 보면 어떤 생각이 드나요? 누구나 수명의 무한 연장을 생각해 보는 일이 '한 번'은 있더라도 모두가 그것을 꿈꾼다고 할 수 있을까요?

2018년을 기준으로 전 세계 자살 사망자가 81만 명을 넘었습니다. 자살을 숨기려는 정서를 감안하면 실제 사망자는 더 많을 것입니다. 전 세계 인구의 5퍼센트가 자살을 생각해 보았고, 그중 5퍼센트가 실제로 자살한다는 기사를 본 적이 있습니다. 그렇다면 자살을 생각해 본 사람이 영생을 꿈꾸는 사람보다 더 많을지도 모르겠습니다.

이냐스도 말년에는 자살을 원했습니다. 퇴직 후 잔소리 많은 아내와 사는 것을 곤혹스러워 하다가 심장마비를 겪은 뒤에는 온종일 병원 침대에 누워 있으면서 욕창이 생겼고 폐에 물이 차고 호흡도 어려워졌습니다. 뼈만 앙상하게 남고 분노로 가득 찬 그는 종종 이제 그만 죽고 싶다고 말했지만, 아내는 단호하게 말도 안 되는 소리라고 잘라 버렸습니다. 결국 이냐스는 수액 줄을 빼서 자살을 시도했다가 발각되는데, 그 이후에는 가죽 끈으로 침대에 묶이는 신세가 됩니다. 그는 자신의 생명을 스스로 멈추는 것을 결정하지 못한 삶에 한탄하며 침대에 묶여 여생을 지낸 셈입니다.

그러던 어느 날, 이냐스는 손에 묶인 끈이 느슨한 날을 틈타 끈을 풀고 창밖으로 몸을 던져 자신이 희망하던 죽음을 이루게 됩니다. 혼령이 된 이냐스는 손자인 혼령 가브리엘에게 죽음을 나비로 탈바꿈하는 애벌레로 비유하며 그때의 기분을 설명해 줍니다. 진액을 흘리며 끈적끈적한 몸으로 거친 숨을 내쉬면서 바닥을 기어다니는 애벌레 상태를 죽음이 해방해 주었다고 생각했지요. 육체의 껍질을 벗고 마음껏 날아다니는 혼령이 된 이냐스는 혼령이 된 손자 가브리엘에게 젊은 날에 죽어서 부럽다고 말합니다. 노화라는 점진적인 피폐의 과정을 겪지도 않고, 괴로운 삶이라도 생명이라는 이유만으로 일상을 형벌처럼 살지 않아도 되는 것을 두고 한 말입니다. 그렇다면 과연 노인이 되는 것이 이냐스의 말처럼 그토록 끔찍한 형벌일까요? 철학자들은 노년을 어떻게 볼까요?

늙는 것은 끔찍한 형벌일까?

사람들은 대개 늙는 것을 싫어합니다. 노년을 젊음의 상실, 가능성의 상실로 생각하면 나이가 들수록 불안하고 초조할 것입니다. 그러나 노년에도 매우 활기 있게 생활하고 어떤 이는 노년에 접어들고서야 전성기를 맞이하기도 합니다.

플라톤은 노년에 겪는 신체의 쇠락이 영혼의 성장을 방해하지 않는다고 보았습니다. 오히려 죽음으로 인해 신체를 벗어나는 것을 '영혼의 해방'이라고까지 했습니다. 그러나 이 말에 전적으로 동의할 수는 없습니다. 신체의 쇠락에는 뇌의 기능 저하와 상실이 포함되는데 그로 인해 겪게 되는 치매나 우울, 망상 등을 고려하면 신체의 쇠락은 '영혼의 성장'을 방해하고 길을 잃고 헤매게 하는 '영혼의 방황'이라 보이기도 합니다. 신체의 쇠락은 육욕을 벗어나게 하고, 신체를 꾸미는 데 필요한 노력을 줄이고, 한정된 시간을 중요한 일에 전념하게 하는 점에서만 유익하다고 볼 수 있습니다.

반대로 플라톤의 제자 아리스토텔레스는 늙는 것을 부정적으로 보았습니다. 아리스토텔레스의 관점에서 행복하려면 젊고 건강해야 했으니까요. 아리스토텔레스는 노인을 냉정하고 심보가 고약한 존재로 묘사하고, 노인이 지닌 경험에 대해서도 평가 절하했습니다. 노인이 경험을 많이 쌓았다는 것은 장점이 아니라 단점이라고 합니다. 노인은 오래 산 만큼 실수가 많이 누적되어 있고 젊은 사람은 짧게 산 만큼 쌓인 실수가 적으므로 젊은 사람이 더 낫다고 보았습니다. 아리스토텔레스는 노인의 긍정적 역할을 단지 현명한 조언을 해 주는 것으로 한정했습니다.

그의 말에 전적으로 동의하기는 어렵습니다. 실수의 양에 따라 노인이 지닌 경험을 부정적으로만 본다면 그것은 경험을 제대로 평가하지 못한 관점입니다. 노인의 경험이 실수와 과오로 가득하다고 할지라도 그로부터 배움이 더 클 것이기 때문입니다. 아리스토텔레스는 실수와 과오로부터 더 큰 깨달음에 이를 수 있다는 사실을 간과한 것입니다. 젊음이 실수를 덜한 상태라서 더 낫다고 한다면 갓난아이가 최상의 상태라고 해야 할 것입니다. 그러나 갓난아이는 실수와 경험이 전혀 없기 때문에 미숙한 상태입니다. 우리는 실수와 경험으로부터 배우고 경험이 쌓이면서 성장할 수 있습니다.

시대적 격차를 감안하더라도 노년에 관한 플라톤의 생각은 지나치게 관념적이고 아리스토텔레스의 생각은 편협합니다. 사람마다 노년의 모습은 다른데 이를 일반화하다 보니 생긴 문제라고 생각합니다. 오늘날 우리의 관점에서 볼 때 노인은 이전보다 훨씬 건강하고 도전할 수 있는 기회가 많습니다. 노인이라고 해서 활기가 떨어지고 무기력하다는 생각은 과거에도 맞지 않고, 오늘날은 더더욱 맞지 않습니다.

젊었을 때보다 노인이 되어서 오히려 창의성을 더 잘 발휘하는 인물들이 있습니다. 노인의학의 전문가 마크 E. 윌리엄스가 쓴 《늙어감의 기술》에는 노년에도 왕성한 창의성을 보여 준 인물들이 등장합니다. 고대 그리스 비극 작가 소포클레스는 89세의 나이에 법정에서 자신의 건재함을 보여 주기 위해 집필 중이던 《콜로노이의 오이디푸스》를 낭독한 바 있습니다. 그 재판은 그의 장남이 아버지가 노망이 들어 토지를 관리할 능력이 안 되니 자신에게 넘기도록 소송을 걸어서 진행된 것입니다. 소포클레스는 집필 중인 작품을 법정에서 큰소리로 낭독함으로써 재산관리 능력이 충분함을 입증하여 그의 아들이 제기한 소송은 기각되었습니다. 소포클레스 말년의 이 작품은 현재까지도 세익스피어의 《리어왕》과 더불어 노인이 주인공인 위대한 걸작 중 하나로 꼽히고 있습니다. 갈릴레오 갈릴레이는 72세에 자신의 최고 저서 《새로운 두 과학》을 출판했습니다. 건축가 프랭크 로이드 라이트는 92세에 사망하기까지 구겐하임 미술관 건립에 매진했습니다.

이들이 나이에 비해 왕성한 삶을 산 비결은 무엇일까요? 우연히 주어진 행운이라고는 생각하지 않습니다. 나이가 드는 것에 위축되지 않고 부단히 자신의 정신력을 키우며, 사소한 이해관계에서 벗어나 더 넓은 시각에서 바라보고 더 현명해지려고 노력한 덕분일 것입니다. 중요한 것은 나이가 아니라 어떤 태도로 삶을 살아가는가에 있겠지요. 잘 늙는 방법을 연구한 윌리엄스는 나이가 들면, 자신을 쇠퇴해서 사라질 운명인 육신과 동일시할 것인지 몸 안에 들어 있는 의식과 동일시할 것인지 선택해야 한다고 합니다.

모든 노년을 일반화하기란 어렵습니다. 언제부터가 노년의 시작인가도 모호합니다. 검은 머리가 흰 머리로 뒤덮일 때? 직장에서 은퇴할 때? 손주를 볼 때? 어느 하나도 노년을 규정하기에는 미흡한 기준입니다. 더구나 과거 시대의 노년과 현재의 노년은 나이라는 숫자로 보나 삶의 질적 측면에서 보나 매우 큰 차이가 있습니다. 그럼에도 요절하는 불운을 겪지 않는다면 모든 사람은 노년을 맞이합니다. 노년을 맞이한다는 것은 행운의 결과인 셈입니다.

철학자 시몬느 드 보부아르는 《노년》에서 노년에 대해 성찰하고 있습니다. 노인은 시간이 지나면 생물학적으로 정신과 신체가 쇠퇴하여 생산이 어려워지고 불가피하게 경제적 문제를 안게 됩니다. 이때 노인의 쇠퇴 곡선은 집단의 재원에 따라 달라집니다. 집단에 따라 노인이 대우를 받거나 경멸당하거나, 존경의 대상이 되거나 두려움의 대상이 되어 쇠퇴가 빠르게 시작하기도 하고 늦게 시작하기도 한다는 것입니다. 보부아르는 노인의 이러한 서로 다른 지위가 집단이 추구하는 목적에 달려 있다고 합니다. 물질과 육체적인 생존을 중시하는 집단에서 노인은 쇠퇴를 의미하지만, 반대로 선조와 맺어져 정신적 생존을 중시하는 집단이라면 내세와 현세를 잇는 노인은 그 집단의 화신이 될 것입니다. 그런 집단에서라면 육체적으로 가장 노쇠한 상태 역시 생의 절정으로 간주될 수 있습니다. 죽음 이후에 신이 있는 세계로 간다는 설정에서라면 노인은 신의 세계에 더 가까이 있는 사람이고, 곧 신을 만날 사람이니 함부로 퇴물 취급을 할 수 없다는 것이지요. 그밖에도 인간을 경제적 생산성의 면에서 가치를 따지는 사회가 아니라 인간과 같은 가치 실현자로 보는 사회에서도 마찬가지로 노인을 공경합니다.

인간은 자기 삶에 어떤 의미를 부여하려는 존재입니다. 노년의 의미와 가치를 추구하는 것은 바로 인간의 전체적인 가치 체계에 중요한 요소입니다. 이냐스는 자신의 능력을 발휘할 기회가 정년 퇴직으로 중단된 이후 삶이 무료해지고 힘들어졌습니다. 만약 이 냐스가 나이와 상관없이 자신의 역할을 다하고 사회에 기여할 수 있는 일을 계속할 수 있는 사회에 살았다면 노년의 삶은 소설과는 달라졌을 것입니다.

물론 아무리 의료기술이 발전하더라도 노쇠와 질병을 모두 막을 수는 없습니다. 어느 시점에서는 강제적인 은퇴가 아니어도 스스로 아무것도 할 수 없이 그저 병마와 싸워야 할 시기가 올 것이고 그때는 전적으로 다른 사람의 돌봄 속에서 무기력하게 지내야 할 때가 올 것입니다. 이런 상태의 노쇠한 노인에 대한 대우는 그 사회가 어떤 가치를 추구하느냐에 따라 달라집니다. 인간을 상품이나 물건으로 대우하는 사회인지 아닌지에 따라 병상에 누운 노인의 처우가 달라질 것입니다. 병상의 노인은 그 사회의 의식 수준을 반영하게 될 것입니다. 앞으로 우리가 어떤 대우를 받고 싶은지는 지금 우리가 어떤 사회로 만들어 가는지에 따른 것입니다. 노년을 죽음보다 못한 형벌로 만들 것인지 아닌지는 바로 우리가 어떤 사회로 만들지에 따른 우리 자신의 몫입니다.

죽음은 해방일까 삶의 완성일까

작가 가브리엘만이 아니라 쌍둥이 형인 과학자 토마도 죽음을 넘어서려고 노력했습니다. 토마는 과학과 실험을 중시하는 이성적인 인물임에도 할아버지인 이냐스가 세상을 떠나자 가브리엘이 힘들어하는 것을 보고 죽은 자와 대화하는 기계를 만들고 있었습니다. 그는 이 기계에 그리스어로 '죽음', '시체'를 뜻하는 '네크로νεκρο'와 '전화'를 뜻하는 '폰phone'을 붙여 네크로폰NecroPhone이라고 불렀습니다. 이 기계를 제작하는 데에 성공한 토마는 첫 작동 때에 혼령 토머스 에디슨과 대화하게 됩니다. 그러나 저승의 상급자들은 이 기계가 세상에 공개되는 것을 막아 버립니다. 수많은 떠돌이 혼령들이 이 기계에 매달려서 이승과 저승의 질서가 무너질 것을 우려했기 때문입니다.

네크로폰의 전제는 혼령의 존재를 인정하는 것부터 시작합니다. 그런데 과연 혼령의 존재를 인정할 수 있을까요? 영매라는 직업이

네크로폰

이 기계는 토머스 에디슨이 실제로 구상한 적이 있다. 회고록 《회상과 관찰》에서 토머스 에디슨은, 죽은 자들과 소통하게 해 주는 기계를 만들기 위해 노력했고 그가 남긴 스케치에는 나팔처럼 생긴 기계와 송화기, 안테나가 그려져 있었는데 그는 죽은 자와의 소통을 일종의 전자기파 통신으로 이해했다.

있다는 점에서 혼령의 존재를 인정하는 사람들이 어느 정도 있는 것은 사실입니다. 베르나르 베르베르도 《죽음》 서문에, 자신의 전생 이야기를 들려주고 떠돌이 영혼들의 세계를 가르쳐 준 자신의 첫 번째 영매에게 이 책을 바친다고 밝힌 것을 보면 그는 확실히 혼령의 존재를 믿고 있습니다. 그렇다고 해서 독자에게 자신처럼 혼령의 존재를 믿도록 강요하지는 않습니다. 혼령의 존재는 상상하고, 꿈꾸고, 생각할 거리를 던져 준다는 점에서는 중요해 보입니다. 그러나 나의 죽음 이후에 나의 육체가 흩어지고 나면 과연 '나'라고 말할 수 있는 개별 혼령의 형태가 존재할 수 있을지는 의문입니다. 출생 이전에 '나'라고 확신하는 개별 존재를 의식하지 못했는데, 죽음 이후에 '나'라는 개별 영혼이 과연 존재할까요?

혼령의 존재를 믿지 않고, 혼령들과 대화하는 것에 관심이 없어도 현존하는 미래학자들이 제안하는 마인드 업로딩의 방법은 죽음을 넘어서는 꽤나 진지한 방법 중 하나입니다. GWV처럼 말이지요. 물론 혼령 가브리엘은 GWV를 좋아하지는 않았습니다. 살아 있는 인간 정신이 지닌 호기심을 기계가 절대 흉내 낼 수 없다고 생각하기 때문입니다.

GWV가 완성한 소설 《천 살 인간》은 프로그램을 만든 출판사 사장조차 마음에 들지 않아 출판을 보류하게 됩니다. GWV는 완벽하게 문장을 만들어 내지만 무향무취의 매끈함으로 인해 매력이 없기 때문입니다. 그래서 혼령 가브리엘은 자신의 소설을 영매 뤼시를 통해 다시 쓰는데, 천 살 인간의 꿈을 이루는 원본과 달리 영매를 통해 다시 쓴 결말은 "짧아도 충만한 삶을 영위하는 것이 무미건조하게 이어지는 긴 인생을 사는 것보다 낫다"로 바뀝니다.

이러한 결론에 이르는 데는 이냐스의 영향이 큽니다. 보통은 죽음을 실패이자 부정적인 것으로, 출생을 승리이자 긍정적인 것으로 여기지만, 이냐스는 정반대로 생각했습니다. 죽음은 육신의 고통에서 해방되는 일이고 순수한 영혼이 되는 일이므로 기꺼이 반길 만한 것이라는 생각입니다. 이처럼 죽음의 한계를 넘어서는 방법은 천 살까지 살거나 마인드 업로딩을 통해 생각은 유지하면서 새로운 몸으로 사는 게 아니라, 죽음에 대한 관점을 바꾸는 것입니다.

죽음에 대한 관점은 삶을 대하는 태도에 의존합니다. 육체의 고통과 현실의 무기력함에 빠져 살았던 이냐스는 죽음이 '해방'이라고 생각한 반면, 자신이 원하는 것을 마음껏 이루며 자유롭게 살았던 가브리엘은 《천 살 인간》을 통해 죽음을 최대한 지연하려 했습니다. 또 다른 관점으로는 자신에게 주어진 생명이 유일무이하며 나름의 방식으로 완벽할 수 있다고 생각하고 죽음을 '완성'의 기회로 반기는 것입니다. 가브리엘이 사후에 영매를 통해 새로 쓴 《천 살 인간》의 결론이 이에 해당합니다. 이러한 관점에서 죽음은 더 이상 유한성의 한계가 아니라 자신의 생을 최대한 가치 있게 성장시키는 인생의 피날레이며 궁극의 완결입니다. 죽음을 아예 직면하지 않거나 최대한 늦추는 것이 최선일지, 죽음을 고통으로부터의 '해방'으로 보거나 가치 있는 삶의 '완성'으로 반길지는 각자 삶의 태도에 따라 달라질 것입니다.

왜 어떤 사람은 이유 없이 사람을 죽일까?

|

〈엘리펀트〉

사람이 사람을 죽인다는 것은 끔찍한 일입니다. 살인은 한 인간의 생명을 영원히 박탈한다는 점에서 가장 심각한 범죄라고 할 수 있습니다. 물론 살인에는 법적으로 처벌받지 않는 살인과 처벌받는 살인이 있습니다. 전쟁터에서 군인이 적을 사살하거나, 사형수의 사형을 집행하는 것, 자신의 생명을 지키기 위한 정당방위의 일환으로 불가피하게 타인의 생명을 빼앗는 것 등은 처벌받지 않습니다. 그러나 이러한 사례는 매우 특수한 경우고 대부분의 살인은 처벌에서 자유롭지 않습니다. 다만 살인의 동기가 어느 정도 납득할 수 있다면 처벌의 수위가 낮아질 수는 있지요.

문제는 납득할 수 없는 이유 없는 무차별 살인입니다. 왜 어떤 사람은 이유 없이 사람을 죽일까요? 무차별 살인자가 체포됐다는 이야기를 들으면 대부분은 그를 두고 악마의 본성을 타고났거나 불우한 환경 때문에 살인마가 됐다고 생각합니다. 그러나 그들 중에는 불우한 환경에서 자란 것도 아니고, 눈에 띄게 사악한 본성을 드러낸 적도 없는 사람들이 있습니다. 특히 미성년자의 학교폭력 사례를 보면 폭력이나 살인의 동기가 뚜렷하지 않고 학교생활에 큰 어려움 없이 적응하던 학생이 갑자기 가해자로 돌변하는 경우가 있습니다. 초등학생부터 고등학생에 이르는 학교폭력, 극단적으로는 살인에 이르는 사건을 보면 가해자의 모습이 남달리 특별하지 않아 평소에 그런 끔찍한 일을 저지르리라고 전혀 예상하지 못하는 경우도 있지요. 그들 내면의 무엇이 가장 안전해야 할 학교 안에서 친구들과 선생님을 대상으로 무차별 폭력과 살인이라는 끔찍한 행위를 저지르게 한 것일까요?

우리나라와 달리 총기가 허용된 국가에서 이따금 교내 총기 사건이 일어납니다. 같은 학교에 다니는 학생이 교실에서, 식당에서 무차별적으로 다른 학생을 향해 총을 쏜다는 것은 상상할 수 없이 끔찍한 일입니다. 아이들의 안전을 최우선으로 하는 학교가 잔혹한 범죄 현장이 되는 무차별 살인 사건을 접하면서 무엇이 어디서부터 잘못되어 생겨난 일인지, 그들의 무차별 살인에 정말 이유가 없는지 실제 사건을 모티브로 한 영화 〈엘리펀트〉를 실마리로 생각해 보겠습니다.

우리가 미처 예측할 수 없는 것들

2003년 칸 국제영화제에서 황금종려상을 수상한 거스 밴 샌트 감독의 〈엘리펀트〉는 1999년 4월 20일 미국 콜로라도주에 있는 콜럼바인 고등학교에서 일어난 무차별 살인사건을 배경으로 합니다. 이 영화는 사실을 있는 그대로 재현하는 데 주력하기보다 사건이 일어난 날을 학생들의 눈으로 다중시점(하나의 상황을 다양한 관점에서 다층적으로 묘사하는 것)에서 보여 주는 데 초점을 맞췄습니다. 감독은 사건이 일어난 학교의 여러 학생의 이름을 각 에피소드의 제목으로 정하고 그들을 동행하듯 따라다니며 촬영했습니다. 〈엘리펀트〉는 트래블링 샷Travelling shot과 롱테이크Long take 촬영으로, 관객으로 하여금 학생들이 보는 것과 같은 시점에서 주변을 보게 하고, 그들의 등 뒤에서 상황을 관찰하게 합니다. 이러한 구성과 촬영기법 덕분에 〈엘리펀트〉는 주인공 중심의 전형적인 서사와는 매우 다른 독특한 분위기를 이끌어 냅니다. 희생자와 목격자 개인의 관점에서 그들을 추억하며, 그들의 아픔을 눈을 감고 코끼리를 더듬듯 조심스럽게 떠올리도록 유도합니다.

감독은 어느 학교에서나 볼 수 있을 법한 일상적인 학교생활을 에피소드 방식으로 다룹니다. 술 취한 아버지가 운전하려는 것을 걱정하는 학생, 인물 사진 포트폴리오에 전념하는 학생, 잘생기고 운동 잘하고 여학생들에게 인기도 많은 학생, 외모나 남들의 평판에 전혀 신경 쓰지 않고 혼자 음악에 빠진 학생의 에피소드가 시간과 공간을 반복하며 전개됩니다. 콜럼바인 고등학교의 실제 희생자와 범죄자를 똑같이 재현하지는 않았지만, 두 명의 학생이 가방에 총탄과 폭탄을 넣어 학교로 들어가 무차별 살인을 저지른 17분이라는 '시간'을 러닝타임 17분 그대로 재현함으로써 사건의 긴장감을 생생하게 표현합니다.

그밖에도 실제 두 명의 살인범 중 한 명의 이름인 '에릭'을 그대로 사용하고, 에릭이 나치의 인종차별주의에 열광했다는 점, 에릭의 집 지하실에서 치밀하게 사건을 준비하고 그것을 영상으로 기록한 점, 식당과 도서관에 있던 학생들을 집중 공격한 점 등은 콜럼바인 고등학교 사건에서 밝혀진 사실을 따르고 있습니다. 실제 사건을 떠올리게 하면서도 사건을 그대로 재현하는 대신 다중시점의 비전형적인 내러티브 방식으로 구성한 것은 현대 사회의 어두운 단면을 평범한 사람들의 시선, 소외된 자들의 시선에서 객관적인 거리를 두고 기록하려 한 감독의 의도입니다. 그래서 피해자든 가해자든 어떤 학생도 영웅이나 사회의 희생양으로 전형화하지 않으면서 그저 담담하게 관찰하도록 촬영했습니다.

이 영화의 가장 인상 깊은 장면은 학교를 휘저으며 총기를 난사하는 범인의 모습이나 학생들을 대피시키고 자신은 총을 맞고 사망하는 선생님의 처절한 희생 장면이 아니라 이 사건과는 무관한 듯 보이는 아름다운 색상으로 전개되는 하늘입니다. 영화는 청명하고 투명한 하늘에 맑은 구름이 빠르게 흘러가는 장면으로 시작하여 이야기 중간쯤에 갑자기 먹구름이 몰려와 순식간에 어두운 하늘로 변했다가 마지막에는 다시 옅은 구름이 가득한 하늘로 변하는 장면으로 끝이 납니다. 이는 〈엘리펀트〉가 가해자, 피해자라는 고정된 인물에 집중하는 전통적인 이분법을 벗어나 이들을 무심히 바라보는 하늘에 주목하기 위함입니다. 시시각각 변하는 하늘의 모습은 우리 주변의 예측할 수 없는 상황 또는 우리 마음 깊은 곳의 급격한 변화를 은유적으로 묘사한 듯합니다.

우리는 우리를 둘러싼 상황을 미처 다 알지 못하고 우리 마음 깊은 곳의 변화를 다 통제하지 못합니다. 맑은 하늘에 순식간에 먹구름이 몰려오듯 위기 상황이 닥칠 수도 있고 마음 깊은 곳의 변화로 예기치 못한 일이 생길 수도 있지요. 이러한 상황에서 우리가 할 수 있는 일은 그 모든 상황을 조심스럽게 살피는 것, 가해자와 피해자를 속단하지 않고 눈 감고 코끼리를 대하듯 조심스럽게 더듬어 보는 일뿐입니다. 어쩔 수 없이 우리는 모든 것을 다 알지 못하며, 세상은 불가해한 일, 예측할 수 없는 일, 우리의 인식을 뛰어넘는 일로 넘쳐나고 있으니까요.

살인자의 평범한 겉모습

영화 〈엘리펀트〉가 준 변화무쌍한 하늘의 은유를 실마리로 콜럼바인 고등학교 사건의 실제 범인 에릭과 딜런에 집중하여 이유 없는 무차별 살인 사건의 진상을 살펴보고자 합니다. 그들은 여느 졸업반 학생들과 크게 다르지 않았습니다. 가정은 안정적이고 화목했으며 부모님은 그들에게 많은 관심을 기울였고 친구들도 있었습니다. 딜런은 지원한 대학교 네 곳 중 세 곳에서 입학을 허락받았고, 사건이 있기 얼마 전에는 자신이 다닐 대학 기숙사를 둘러보기 위해 부모님과 여행까지 다녀왔습니다.

에릭 역시 원하기만 하면 어디든 입학할 수 있는 좋은 성적을 받은 학생이었습니다. 이들은 졸업 댄스파티에서 함께 간 파트너와 즐거운 시간을 보내기도 했습니다. 교우관계나 가정환경 모두 큰 문제는 없었습니다. 그런데도 그들은 학교 복도와 도서관, 식당에서 17분간 총기를 난사하며 열세 명을 죽이고 이십여 명의 부상자를 낸 후 현장에서 자살했습니다. 게다가 불발했지만 그들은 원래 교내 식당, 도서관, 주차장 등에도 폭탄을 설치해 학교를 모두 날려 버리려 했습니다. 불특정다수를 상대로 이런 끔찍한 일을 실행하려 했다니 놀랍습니다. 외톨이도 아니었고, 무단결석을 한 적도 없고, 사건 당일 이른 아침엔 볼링장에서 체육수업까지 마쳤던 두 사람입니다. 만약 그날의 사건만 아니었다면 그들은 몇 주 후 꽃다발을 손에 쥐고 기쁜 얼굴로 졸업식장에 있을 학생들이었습니다. 어쩌다 이들이 무차별 살인 사건의 범죄자가 되었을까요?

에릭과 딜런은 범행 직후 자살했기 때문에 무슨 이유에서 자신과 상관없는 학생들을 그토록 무참히 살해했는지 직접 들어볼 수는 없었습니다. 콜럼바인 고등학교 무차별 살인 사건 이후 전문가들이 에릭과 딜런의 행동에 대해 깊이 파고들었습니다. 수사당국과 FBI를 포함해서 심리학자, 정신분석학자들이 오랜 시간 이 사건에 매달렸고, 수년이 지나고도 끊임없이 여러 자료가 쏟아졌습니다. 그 이후 일어난 무차별 살인 사건의 범인들이 에릭과 딜런에게서 영향을 받았다는 기록을 남겼기 때문에 이 사건은 매우 중요했습니다. 2007년 4월 버지니아 폴리테크닉 주립대학교에서 총기

난사 사건을 일으켜 32명의 사망자를 내고 자살한 재미 한국인 조승희 역시 자신에게 영감을 준 인물로 에릭과 딜런을 언급하며 그들을 영웅시했습니다.

범죄 동기를 찾기 위해 많은 전문가가 자료들을 분석하여 보고서를 작성했습니다. 가장 대표적인 것이 이 사건에 대해 10년간 자료들을 수집하고 관련자들과 수십 차례 인터뷰한 내용을 기록한 〈콜럼바인: 비극에 대한 가장 완벽한 보고서〉입니다. 이 보고서에 따르면 콜럼바인 무차별 살인 사건은 결코 우발적인 참사가 아니었습니다. 에릭은 1년 반 전에 사건을 결심했고, 1년 전에 구체적인 시점 및 장소와 시간을 결정했고 그 이후 치밀하게 계획을 짰으며, 계획했던 당일의 예정된 시간에 실행했다는 것입니다. 에릭은 그러한 과정을 "신의 책"이라는 제목의 일지와 자신이 만든 웹사이트, 영상 테이프에 남겼습니다. 딜런 역시 기록을 남겼습니다. 그는 사건 2년 전부터 "실존: 가상의 책"이라는 제목의 노트에 글과 그림을 남기며 자기 자신과의 대화를 시작했습니다.

에릭과 딜런은 겉으로 아무렇지도 않게 행동해서 이들에게 심각한 문제가 있다는 것을 눈치챈 사람은 아무도 없었습니다. 이들은 같은 피자 가게에서 아르바이트를 하며 피자 가게 사장과도 잘 어울렸습니다. 에릭은 오랫동안 성실히 일한 덕분에 다른 사람들보다 높은 수당을 받았고, 사건 나흘 전에는 매장의 매니저로 승진했습니다. 성적도 좋고, 성실하게 일하고, 친구들과도 잘 어울리는 에릭과 딜런을 과연 누가 무차별 살인 사건의 범인이라고 의심할 수 있었을까요? 특히 에릭은 장난칠 때와 진지할 때를 구분할 줄 알았고 피자 가게에 사람들이 갑자기 몰려들 때도 상황을 잘 통제했고, 상대가 누군지에 따라 어떻게 말해야 좋은 인상을 주는지도 정확히 알고 있었습니다. 그 둘은 성향은 달랐어도 평범한 학생들의 모습과 다르지 않았습니다. 둘 다 권위에 반항하는 성향이 있었으나 그것은 10대 반항기의 특징이기도 합니다. 무차별 살인범의 모습이 평범한 사람들과 무척 다를 것이라 생각하겠지만, 이들의 겉모습을 보면 전혀 그렇지 않습니다.

비극에 대한 보고서

겉으로는 평범해 보였지만 에릭과 딜런의 마음 깊은 곳에서는 심리적 문제가 있었습니다. 일기에만 표현하고 다른 사람에게는 속내를 드러내지 않았기 때문에 가족과 학교 선생님, 심지어 전문 상담사도 속일 수 있었습니다. 사건 1년 전, 에릭과 딜런이 주차장에 놓인 자동차의 유리를 깨고 물건을 훔친 일로 청소년 대상 교화 프로그램에 참여한 적이 있었지만, 그곳의 전문 상담사들은 이들의 성향을 전혀 파악하지 못했습니다. 심지어 그들은 교화 프로그램의 전문 상담사로부터 좋은 평가를 받으며 프로그램을 조기 수료했을 정도였지요.

에릭의 일기를 보면 자신을 신처럼 강한 존재로 착각하고 수많은 사람의 생명을 빼앗을 계획을 세웠습니다. 세상 어느 누구도 자신보다 뛰어나지 못하다는 망상에 빠져 있었고, 사회가 인간 본성을 억압하고 학생들을 로봇으로 길들였다고 비난했습니다. 에릭은 세상을 혐오하고 다른 사람들을 열등한 존재로 비하했습니다.

반면 딜런은 에릭처럼 폭력에 집착하거나 스스로를 우상화하지는 않았습니다. 그보다는 자신의 잘못된 행동을 반성하고 방황했습니다. 딜런은 에릭과 어울려 다녔지만 에릭과 서로 잘 통한다고는 생각하지 않았습니다. 자신과 가장 잘 통하는 친구에게 여자 친구가 생기자 거리감을 느끼고 외로워했습니다. 외로움이 심해지자 급기야 자신이 전 인류와 단절되어 있다고 느꼈고 결국에는 스스로가 만든 상자 안에 갇혔습니다.

에릭은 지나치게 높은 자존심과 우월 의식이 있었고 열등한 사람에 대한 분노가 가득했습니다. 딜런에게도 분노가 있었지만 그것은 열등한 사람들에 대한 분노가 아니라 자기 자신의 실패에 대해 느끼는 분노였습니다. 그런데 이때 실패라는 것은 매우 주관적입니다. 남들은 실패라고 생각하지 않는 일에 자신만 실패로 느낄 수 있는 것입니다. 딜런은 자살하고 싶은데 실행하지 못한 것을 한탄하고 우울해했지만 부모님이나 친구들은 그것을 알아차리지 못했습니다. 딜런은 처음엔 에릭의 무차별 살상 계획에 별 관심을 갖지 않았습니다. 그러다 사건 발생 닷새 전에야 에릭의 계획에 동참하는 것이 확실하게 자살할 수 있는 기회라는 생각이 들어 합류하게 되었습니다. 에릭의 계획에 가담해 바보짓을 벌이다 죽어 버리는 것이 이번 생을 끝내고 자유롭게 되는 최선이라고 생각한 것입니다. 이리하여 열기와 냉기의 조합으로 거대한 토네이도가 만들어지듯 냉담한 에릭과 감정의 기복이 큰 딜런의 조합이 엄청난 폭발력으로 이어진 것입니다.

사실 딜런은 자신의 속마음을 모두에게 드러낸 적이 있었습니다. 딜런은 사건 두 달 전 창작 수업에서 분노에 찬 남자들이 부유층의 아이들을 계획적으로 살해하는 내용을 담은 단편소설을 발표했습니다. 특이한 점은 살인의 방식이 에릭의 계획과 동일했다는 것입니다. 딜런은 소설에서 살인을 목격한 한 남자의 입장이 되어 살인의 느낌을 궁금해했고, 살인을 저지른 사람에게서 힘과 자기만족과 위압과 신성함을 느꼈다고 했고, 살인자의 행동을 이해하게 됐다고 서술했습니다. 소설 속 살인의 목격자가 바로 딜런 자신이었던 것입니다. 창작 수업을 담당한 선생님은 딜런을 불러 소설에 드러난 폭력성에 대해 우려 섞인 질문을 했으며, 부모님에게 이 상황을 전화로 알렸고, 학교 상담사에게는 딜런의 소설을 전달했습니다. 딜런의 부모나 상담사는 소설은 소설일 뿐이라며 대수롭지 않게 여겼지만, 결과적으로는 전혀 그렇지 않았습니다. 딜런은 이 소설을 사건 당일 자신의 차 안에 두었습니다. 계획대로라면 차에 설치된 시한폭탄이 터지면서 이 소설도 함께 사라질 운명이었습니다. 그 정도로 딜런은 자신의 소설을 특별하게 취급했던 것이지요. 물론 작가의 순수한 상상력의 결과와 범죄자의 실행 계획을 구분하기란 참으로 어려운 일이긴 하지만, 이처럼 딜런이 속마음을 드러냈는데도 주변에서 알아채지 못하고 대수롭지 않게 여긴 것은 안타까운 일입니다.

우리나라는 다른 나라에 비해 총기에 대한 규제가 엄격해서 총기 관련 사고를 겪을 일이 매우 적은 만큼 우리는 교내 총기 사고 범죄자에 대한 편견이 있습니다. 그중 하나는 외톨이들이 순간적으로 감정이 격해져서 충동적으로 범죄를 저지른다는 편견입니다. 그러나 에릭과 딜런은 외톨이와는 거리가 멀었습니다. 친구들과의 관계도 좋았고 학교 밖에서도 좋은 평가를 받는 학생이었지요. 또한 폭력적인 성향을 띠는 영화나 게임에 중독된 사람이 현실에서 범죄를 저지른다는 편견도 많은데, 학교폭력을 일으킨 학생의 폭력 영화나 게임에 대한 관심도는 평균적인 십 대 학생에 비해 오히려 낮다고 합니다.

그런데 교내 총기 사고 범죄자들의 98퍼센트는 아주 심각한 상실이나 실패를 경험했다는 결정적인 공통점이 있습니다. 에릭은 총격 사건이 있기 1년 전, 자동차의 창문을 깨고 물건을 훔쳐 체포되어 손에 수갑이 채워졌을 때 실패를 경험하고 학교를 폭파하겠다는 계획을 세웠다고 합니다. 딜런의 경우는 세상에 대한 고립감으로 자살을 원했으나 그것에 실패했습니다. 물론 상실과 실패의 정도 역시 주관적이고 똑같은 일을 겪어도 상처의 크기는 개인에 따라 매우 큰 차이가 있기 때문에 판단하기 쉽지는 않지만 거의 대부분이 그렇다는 점은 살펴볼 만한 요소입니다.

또 다른 공통점으로는 총기 사고 범죄자의 81퍼센트가 범행 전에 마음을 털어놓고 범죄 의도를 누군가에게 자백한다는 사실입니다. 아쉽게도 이 말을 들은 대부분의 사람은 무시한다고 하는데, 이러한 자백이야말로 객관적이고 관찰 가능한 현상입니다. 딜런은 문예창작 시간에 쓴 소설을 통해 자신의 범죄를 미리 자백했습니다. 딜런의 부모와 상담사는 소설에서 묘사한 살인 장면이 얼마나 구체적인지 눈여겨봤어야 했지만 그러지 않았습니다.

전문가에 의하면 모호하고 암시적이고 허황된 위협이라면 모를까 위협이 직접적이고 구체적이며 동기와 실행 방법까지 거론하고 있다면 위험한 수위에 이르렀음을 경고하는 것이라고 합니다. 예컨대 죽음, 파괴, 폭력에 집착하고 사지 절단 장면을 생생하게 묘사한다거나 그러한 표현에 왕성한 상상력을 보이면 초기 경고 신호일 수 있다는 의미이지요. 그와 더불어 악의와 잔혹성이 가미되고 반성할 줄 모르는 영웅까지 등장한다면 염려해야 할 정도에 이른 것이고, 일회성 발언이나 묘사에 그치지 않고 반복해서 집착하여 살해 장면을 표현하고 있으면 심각한 단계라고 합니다. 에릭처럼 남들을 조롱하려는 성향, 조급함, 우월의식, 자기도취, 완고함, 무기력함, 남들을 인간 취급하지 않기, 다른 사람 탓하기와 같은 표현이 구체적인 경고 신호였습니다. 이러한 표현에 주의를 기울이는 것만으로도 위험성을 알아차릴 수 있고, 전문가의 도움이 필요한 상황임을 감지할 수 있습니다.

죽음 충동, 아무도 모르는 무의식

에릭과 딜런에게 심리적 문제가 있었다는 것을 사건 이전에는 알 수 없었습니다. 그만큼 그들이 일반 학생들과 다를 바 없이 행동했다는 것이지요. 그런데 그들의 속마음이라고 일반 학생들과 완전히 달랐을까요? 그들의 가까운 친구들조차 눈치채지 못할 정도이니 속마음도 크게 다르지 않았을 것 같습니다. 우리 주변에는 폭력적인 비디오 게임과 영화가 많이 있습니다. 우리 안에 폭력에 대한 충동이 없다면 수많은 폭력 영화나 폭력 게임이 만들어지지 않았을 것입니다. 그런 점에서 폭력에 대한 충동은 정도의 차이는 있지만 누구에게나 있는 인간의 성향이라고 생각합니다. 단지 교육을 통해 억제하고 다른 방편으로 해소할 뿐이지요.

정신분석을 창시한 **지그문트 프로이트**Sigmund Freud, 1856-1939는 폭력과 살인에 대한 충동을 말했습니다. 프로이트는 학생들이 미성숙한 상태라 심리적 갈등을 많이 겪고 우울증의 영향으로 자살을 쉽게 감행한다는 점을 경고했습니다. 우울증은 자기 자신의 자아에 대한 죄책감에서 벗어나지 못해 고통받는 상태입니다. 우울증에 걸린 사람은 자아를 끊임없이 비판적으로 몰고 가는 성향이 있습니다. 자신의 존재 자체에 만족하지 못하고 스스로 무가치한 것, 보잘것없는 것으로 인식하다가 자아를 파괴하는 죄책감을 극복하지 못하면 극단적인 경우에는 자살을 시도하게 됩니다. 프로이트는 이러한 우울증을 겪는 학생들의 자살 문제를 심각하게 생각했

지그문트 프로이트

오스트리아 출신의 프로이트는 원래 법을 공부하려 했으나 다윈의 《종의 기원》과 괴테의 《자연》을 읽고 진로를 변경해 빈 대학 의과대학에 입학했다. 이후 파리에서 약 5개월간 장학생으로 머물면서 프랑스의 가장 유명한 신경학자의 히스테리와 최면술 연구에 관심을 가졌다. 프로이트는 자신의 연구에 최면 기법을 활용하지는 않았지만, 이 경험에서 영감을 받아 자유연상과 꿈 분석을 독자적인 치료 방법으로 개발한다. 결혼을 계기로 신경과 진료소를 차리고 환자들을 대상으로 대화 중심의 치료를 진행했는데 환자와 나누는 대화의 최종 목적은 환자 스스로가 거부하고 억압하여 무의식에 가둬둔 감정 에너지를 풀어 주는 것이었다.

프로이트는 40대에 이르러 자기 자신의 신경증으로 고생했고 죽음에 대한 지나친 공포를 겪었다. 이 시기에 그는 자신의 꿈, 기억, 어린 시절을 분석하는 데 몰두했다. 그 결과 아버지에 대한 적대감과 어머니에 대한 사랑의 감정을 떠올리며 '오이디푸스 콤플렉스'라는 용어를 만들어 냈다. 이 내용을 바탕으로 《꿈의 해석》을 출판했고, 빈 정신분석학회를 창립한 말년에는 구강암 때문에 서른 번이 넘는 수술을 하는 고통을 겪었으며, 자살을 돕도록 의사인 친구를 설득해 생을 마감했다.

습니다.

프로이트는 《쾌락의 원리를 넘어서》에서 성적 충동만큼이나 근본적인 인간의 충동으로 죽음 충동을 말했습니다. 그 이전의 프로이트는 인간을 쾌락 원리로 이해했습니다. 인간은 몸의 고통에서 벗어나려 하듯이 정신적 고통으로부터 벗어나려는 존재입니다. 프로이트는 이러한 정신적 고통이 없는 상태를 쾌락 원리와 현실 원리로 분석했습니다. 쾌락 원리는 인간의 정신적 충격이나 긴장을 완화하는 반면, 현실 원리는 인간이 법, 사회 규범, 양심 등으로부터 벗어날 수 없음을 늘 기억시켜 줍니다. 대부분의 사람은 긴장과 충격을 완화하기 위해 쾌락 원리를 작동하기보다는 현실 원리를 받아들이면서 정신적 고통을 감내하며 삶을 살아갑니다. 그처럼 정신적 고통을 감내하며 삶을 유지하지만, 어려운 현실을 인정하면서도 긴장과 충격의 강도를 점점 줄여나간다는 점에서 보면 결과적으로는 쾌락 원리에 따른다고 할 수 있습니다.

하지만 프로이트는 말년에 이르러 쾌락 원리로는 설명할 수 없는 많은 사례를 접하게 됐습니다. 원인이 분명하지 않은 불안 공포의 꿈들이나 외상(트라우마) 신경증, 전쟁 신경증을 겪고 있는 사람들에게 죽음 공포를 생생하게 드러내는 반복 강박이 있다는 것을 알게 되었습니다. 사람들은 과거의 경험을 직접 대면하지 못하고 피해 버리거나 억압을 통해서 고통스러운 아픈 경험을 잊으려 하지만, 그 경험이 끊임없이 꿈 등을 통해 반복적으로 나타나 고통을 받았습니다. 그런데 프로이트는 그 고통스러운 과거의 경험이 반복적으로 등장하는 이유가 아마도 쾌락 원리보다 더 본능적이고 원초적인 차원 때문이 아닐까 추측한 것이죠. 프로이트는 괴로운 경험의 반복적 출현을 '반복 강박'이라고 불렀고, 쾌락 원리를 넘어서는 근본 원리를 '죽음 충동'으로 보았습니다.

반복 강박은 전쟁이나 재난과 같은 아주 특별한 일을 겪었을 때만 일어나는 것은 아닙니다. 어린 시절에 자신을 돌봐 주던 부모로부터 분리되고 버려질 수 있다는 공포 같은 것도 이에 해당합니다. 쾌락 원리와 정반대되는 이러한 경험을 반복 강박을 통해서 접하면 그것을 적극적으로 대면해서 스스로 극복하기보다는 오히려 회피하거나 억압하는데, 그때 작동하는 것이 죽음 충동입니다. 프로이트에게 죽음 충동은 모든 유기체가 지닌 긴장이나 갈등이 부재한 최초 상태, 즉 무기체 상태로 복귀하면서 매듭을 지어가는 과정입니다. 모든 삶의 존재 이유는 무기체 상태를 회복하려는 죽음 충동의 실현에 있다는 것입니다.

프로이트가 죽음 충동에 관심을 가진 것은 제1차 세계대전을 겪은 후입니다. 그는 그 이전에는 꿈을 통해 인간 무의식을 성적 충동으로 이해했지만, 전쟁을 계기로 죽음 충동을 찾아내는 데 몰두합니다. 일반적으로 현대 문화나 문명은 인간이 동물적이고 본능적인 모습에서 벗어난 고상한 존재라고 생각하지만, 프로이트는 동의하지 않았습니다. 인간의 폭력성과 파괴성은 문화와 문명이 발전된다고 해서 없어지지 않고, 인간은 집단 공동체의 욕구와 필요에 따라 다양한 방식으로 그 폭력성을 드러낸다는 것을 알았습니다. 프로이트는 전쟁을 계기로 이성을 가진 인간이 마음 깊은 곳에 있는 감정을 주체적으로 조절할 수 있다는 생각을 의심했습니다. 인간이 일상생활에서 논리적으로 말하고 이성적으로 살아간다고 하더라도 특정 계기를 만나면 마음 깊이 숨어 있는 감정의 소용돌이에 의해 전혀 다른 모습을 드러내고, 극단적으로는 증오심을 불러일으켜 전쟁과 같은 형태로 폭력성을 분출한다는 것입니다. 이러한 폭력성은 비단 신경증 환자만의 문제가 아니라 건강한 사람에게도 있으며, "인류의 원시적이고 야만적인 악의 충동은 개개인들에게 결코 없어진 것이 아니라 억압된 상태로 무의식 안에 지속적으로 존재"하고 "한 번 더 작동할 수 있는 기회를 기다리고 있다"고 봅니다. 이러한 프로이트의 분석에 의하면 우리 모두 살인과 자살, 폭력에 대한 죽음 충동을 가지고 있습니다. 현실에 적응하며 살 때는 그것을 의식 너머의 무의식에 꽁꽁 숨기고 있지만 어떤 계기가 생기면 그러한 충동에 의해 어리석게 행동할 수 있고, 영리하게 잘 넘길 수도 있다는 것입니다.

무차별 살인을 저지른 에릭과 딜런이 겉으로 볼 때 일반 학생들과 다르지 않을 뿐만 아니라, 프로이트에 의하면 죽음 충동 역시 우리 모두에게 있다고 하니 그들의 마음속 깊은 충동 또한 일반 학생들과 다르지 않다는 의미입니다. 살인자들의 겉모습만큼이나 그들의 내면 또한 우리와 전혀 다른 세계에 속한 이방인은 아닐 수 있습니다. 다만 죽음 충동이 어떤 계기에 어떻게 드러나는지가 문제입니다. 죽음에 대한 충동은 사소한 문제, 잘못된 판단에서도 커질 수 있기에 누구라도 그 실현 가능성에서 제외될 수 없습니다. 그래서 사건이 일어난 후에야 범죄자들을 사악한 악마의 모습으로 바라보지만, 그전에는 우리 마음 깊은 곳에서도 찾을 수 있는 타자의 모습과 다르지 않습니다. 끊임없이 달래 주고 풀어 주고 현실에 대해 일러 줘야 할 어린아이 같은 타자 말입니다.

딜런의 어머니는 사건 16년 후 출간한 《나는 가해자의 엄마입니다》에서 자신의 아들이 살인자가 되리라고는 꿈에도 상상하지 못했다고 고백합니다. 가족 모두 딜런을 사랑했고 가정은 화목했습니다. 평화로운 것처럼 보이는 청명한 하늘에 갑자기 어두운 비구름이 몰려와 폭풍이 몰아치고 지나가듯이 전혀 예측하지 못한 비극이 그의 가족과 희생자 가족에게 일어난 것입니다. 우리는 우리 자신과 우리를 둘러싼 것들에 대해 모르는 것이 너무도 많습니다. 나 자신에 대해서도 나와 전혀 다르다고 생각하는 타자에 대해서도 성급히 판단해서는 안 되는 이유입니다. 그저 눈을 감고 코끼리를 더듬듯 조금씩 다가갈 뿐입니다.

우리는 왜 죽음을 두려워할 필요가 없을까?

《세상에 예쁜 것》

죽음이 두려운 이유는 죽음 이후를 전혀 알지 못하기 때문이 아닐까요? 누구도 죽은 뒤에 다시 살아난 적은 없으므로, 죽음을 현실과의 단절이자 현실에서 누리던 모든 것을 불가능하게 만드는 '벽'으로 여기면서 죽음을 거부하게 된 것일 지도 모릅니다.

소크라테스는 죽음 이후를 전혀 모른다 해도 그것이 꼭 나쁜 것인가 반문합니다. 그는 자신에게 선고된 사형 판결을 수용하면서 죽음은 무조건 나쁜 것이라는 주장을 비판합니다. 죽은 후 모든 것이 끝나고 더 이상 존재하지 않게 되면 그것은 우리가 가장 편안한 상태라고 하는, 꿈을 꾸지 않는 깊은 잠에 빠지는 것과 같으니 좋을 것입니다. 설령, 죽은 뒤에 영혼이 몸으로부터 분리되어 존재한다면 앞서 죽은 영웅들과 대화를 나눌 수 있으니 이 또한 좋을 것입니다. 죽음 이후에 대해 우리가 생각해 볼 수 있는 두 가지 가능성, 완전한 사라짐으로서의 죽음과 다른 세계에서 계속 사는 것으로서의 죽음 모두 우리에게 해를 끼치는 것이 아니라, 오히려 우리가 기꺼이 바라는 바이니 두려워할 필요가 없다는 말입니다.

생명 있는 모든 것이 나고 자라고 쇠하고 스러질 운명이라는 점을 생각하면 죽음이야말로 가장 자연스러운 현상입니다. 우리가 바라는 바는 죽지 않고 영원히 사는 것이 아니라 잘 살다 좋은 죽음을 맞이하는 것입니다. 보통 좋은 죽음이라고 하면 가족과 함께 화목하고 건강하게 잘 살다가 노년에 이르러 자연스럽게 숨을 거두는 것을 떠올립니다. 복을 누리고 오래 살다 죽은 경우를 호상好喪이라고 하듯이 어떤 죽음은 기꺼이 반길 만한 좋은 죽음일 것입니다.

퇴계의 죽음을 기록한 '고종기考終記'에 의하면 퇴계의 마지막 모습은 매우 평온해 보였습니다. 퇴계는 병세를 느낀 지 한 달여 만에 세상을 뜨는데, 마지막 순간까지 평정심을 잃지 않고 일상적인 모습을 보여 주었습니다. 그는 병석에서도 제자들에게 편지를 썼고, 다른 사람들에게 빌린 책을 잊지 말고 돌려주라고 제자들에게 부탁하는 등 의연했습니다. 퇴계는 "조화를 타고 돌아가니 더 바랄 것이 무엇이랴"라는 마지막 말을 남기며 떠났습니다. 좋은 죽음으로 자신의 삶을 완성하는 모습입니다.

이렇듯 두려움에 떨며 끌려가듯 죽는 것이 아니라 편안하게 반기듯 좋은 죽음을 맞이하기 위해서는 무엇이 필요할까요?

좋은 죽음의 조건

공자는 "아침에 도道를 들으면 저녁에 죽어도 좋다"고 했습니다.

공자에게는 복을 누리고 오래 사는 것과 상관없이 도道를 배우는 것이 좋은 죽음의 조건이었습니다. 흔히 공자는 죽음에 무관심한 것으로 알려져 있습니다. 제자 계로가 공자에게 "감히 죽음에 대해 묻겠습니다"라고 하자, "아직 삶도 제대로 알지 못하는데 어찌 죽음을 알 수 있겠는가?"라며 죽음에 대한 대답을 회피한 일화는 널리 알려져 있습니다. 그러나 공자가 죽음에 대해 전혀 무관심했던 것은 아닙니다.

공자孔子, 기원전 551년-기원전 479년는 좋은 죽음順命과 옳은 죽음正命을 구분했습니다. 죽음에 해당하는 명命을 언급하고 있다는 점에서 죽음에 대해서도 진지하게 생각했음을 알 수 있습니다. 공자는 "'명'

공자

춘추시대 말기 노나라에서 출생한 공자의 본명은 공구孔丘이다. 공자는 세 살 때 아버지를 여의고 열여섯 살에는 어머니마저도 세상을 떠나는 불행을 겪지만, 공부하는 것을 게을리하지 않아 서른 살이 넘어서는 목장 관리직, 창고 출납 관리직 등의 말단직을 시작으로 토목건설 담당 책임자, 법무 관련 업무의 총책임자에 임명된다. 쉰여섯 살에는 무질서한 세상을 바로잡는 것이 자신에게 하늘이 내린 사명이라고 믿고 자신을 따르는 제자들과 14년 동안 여러 나라를 돌아다니며 예와 의를 중시하는 그의 사상을 전파했지만, 제후들의 관심을 받지는 못했고 예순아홉 살에 고향으로 돌아와 일흔셋의 나이로 세상을 떠날 때까지 후진 양성에만 주력했다. 가르침에는 출신 성분을 따지지 않는다는 그의 교육철학 덕분에 일생 동안 3000명에 달하는 제자를 양성하고 유가 사상을 세웠다.

을 알지 못하면 군자가 될 수 없다"라고 했습니다. 여기서 '명'은 천명天命과 운명運命으로 구분됩니다. 천명은 공자가 궁극적으로 관심을 둔 도道를 따르는 것이고, 운명은 단지 죽음을 자연스럽게 받아들이는 것입니다.

우리는 스스로 운명을 제어할 수 없습니다. 우리 스스로 얼마나 오래 살지, 얼마나 부자로 귀하게 살지를 정할 수 없습니다. 물론 더 잘 되도록 애쓰겠지만 노력만으로 전부 이룰 수 없는 것들입니다. 이런 것들에는 순명의 자세가 필요합니다. 그래서 공자는 "죽고 사는 것은 명에 달려 있고 부유해지고 귀하게 되는 것은 하늘에 달려 있다"라고 했습니다. 이때의 '명'은 운명 또는 숙명으로서 인간의 의지와 상관없는 일입니다. 이와 같이 운명을 순리대로 저항 없이 따를 때 좋은 죽음을 맞이합니다.

반면 "이익이 될 만한 일을 보면 옳은지 그른지를 생각하고 위태로운 일을 보면 목숨을 바친다"거나 "뜻있는 선비와 어진 사람은 살기 위해 인仁을 해치지 않으며, 자신의 몸을 죽여서라도 인仁을 완성한다"라고 할 때의 명은 앞서의 운명이나 숙명의 의미가 아니라 인간의 의지적인 실천으로 옳은 것을 선택하는 천명과 관련이 있습니다. 바로 우리에게 익숙한 살신성인殺身成仁의 개념입니다. "도道를 다 하고 죽는 자는 바른 명正命이고, 죄를 저질러 죽는 자는 바른 명이 아니다"라고 한 점에서 정명正命은 곧 천명을 따르는 일이라 하겠습니다.

공자는 주어진 수명대로 사는 것도 바라는 바이고 의로운 것도 바라는 바이지만, 두 가지를 함께 얻을 수 없으면 '사는 것을 버리고 의로운 것을 취한다'는 입장에 서면서 좋은 죽음보다 옳은 죽음을 우위에 두었습니다. 그러나 보기에 따라서는 옳은 죽음 역시 좋은 죽음과 다를 바 없다고 생각합니다. 앞서 "아침에 도道를 들으면 저녁에 죽어도 좋다"고 했으니 도道에 따라 죽는 것이 좋은 것인데, 이때 도라는 것은 '사물의 당연한 이치'입니다. 즉 인의仁義에 해당하는 이것을 배우고 깨닫게 되면 죽는 것이 편안하고 남은 한이 없어 좋다는 의미입니다. 결국 세부적으로는 운명과 천명을 나누어, 자연스럽게 수명을 다하고 맞는 편안한 좋은 죽음順命과 인의仁義를 위해 과감하게 죽음으로 맞서 천명을 선택한 옳은 죽음正命으로 구분했지만 큰 틀에서는 결국은 둘 다 좋은 죽음으로 볼 수 있을 것입니다.

유교의 죽음관에서 또 하나 중요한 것은 죽음을 현세와의 단절로 보지 않는다는 점입니다. 죽은 사람은 여전히 현세에 '기억'되고 '재현'되는 존재입니다. 죽은 자를 현세에 여전히 존재하게 하는 것이 '효孝'입니다. 부모가 죽으면 자식은 상례와 제례라는 일정한 의례를 통해 돌아가신 부모를 자기 삶의 중심에 두고 기억하며 대리 '재현'하면서 현세에 그 존재를 계속 살아 있도록 합니다. 그래서 자손을 낳는 일이 효의 으뜸인 것입니다. 《맹자》에는 불효 중에 자식 없는 것이 가장 큰 불효라고 하는데, 그것은 죽은 부모를 기억하고 대리 재현할 자손이 없어 죽은 자가 현세와 단절되기 때문입니다.

이런 관점에서 보면 효는 삶과 죽음 사이의 존재론적 단절을 이어 주고 죽음의 불안과 공포를 덜어 줄 뿐만 아니라 삶의 허무를 해소해 줍니다. 죽어 가면서도 어린 자손들을 보며 마음을 놓고 편안히 눈을 감을 수 있는 것이 그 때문입니다. 유교에서는 내세에서가 아니라 현세에서 자신이 죽은 후에도 여전히 자신의 존재를 떠올릴 자손의 모습으로 생명을 이어 갈 수 있다고 생각합니다.

죽은 자와 산 자는 기억으로 연결되어 있다

오늘날 우리는 돌아가신 부모와 직계 조상에 한정하여 제사라는 의례를 통해 조상의 기일에 맞춰 정성껏 음식을 차리고 예를 갖추며 죽은 자의 혼과 넋을 기립니다. 기일에 드리는 제사 외에도 설과 추석 같은 각종 명절에도 조상을 기억하고 기리는 의례를 주기적으로 치르고 있습니다.

유교에서 조상을 숭배하는 전통에는 이유가 있습니다. 만물의 궁극 존재인 하늘로부터는 우리의 성품을 부여받는 반면, 부모로부터는 육신을 부여받는데 이 육신은 개별적인 마음을 형성하는 데에 성품과 연결되어 중요한 요소이기 때문입니다. 그러니 부모는 하늘과 더불어 인간 생명의 근원이 되고, 부모로부터 받는 신체가 중요한 것입니다. 부모로부터 부여받은 신체를 소중히 여기는 것이 효의 근본이라는 '신체발부수지부모身體髮膚受之父母'라는 말도 이와 같은 맥락에서 유래합니다.

유교에서도 영혼의 존재를 이야기합니다. 유교에서는 죽은 뒤의 신체를 '백魄'이라고 하는데, 땅에 묻혀 일정 기간 형태를 유지하지만 언젠가는 흙으로 돌아가 완전히 사라지는 것으로 보았습니다. 죽은 다음의 마음인 '혼魂' 역시 굴뚝에서 나온 연기가 얼마 동안 남아 있다가 사라지듯이 일정 기간은 남아 있지만 끝내는 사라지는 것으로 보았습니다. 그러나 이러한 사라짐이 완전히 무無가 되는 것은 아닙니다. 신체인 '백'은 흙으로 돌아가고 마음인 '혼'은 우주의 기운으로 돌아가 우주와 하나가 되는 것으로 보았습니다.

유교에서 조상을 위해 제사를 지내듯, 민속 신앙에서는 필요할 때에 날짜를 정해 죽은 사람의 혼을 하늘로 잘 안내하는 굿을 합니다. 오늘날 개인적으로 하는 굿은 거의 사라졌지만 몇 년마다 며칠에 걸쳐 마을의 수호신에게 제사를 올리는 마을 공동체 모두를 위한 굿은 여전히 남아 있습니다.

조상을 기리는 우리의 제사가 엄숙한 분위기에서 이루어진다면, 멕시코의 '죽은 자들의 날'은 살아 있는 사람들과 죽은 혼령들이 어울리는 축제와도 같은 명절입니다. 매년 10월 31일부터 11월 2일까지 열리는데 황금색의 꽃 마리골드와 촛불로 제단을 꾸미고 설탕으로 만든 해골 장식을 곳곳에 올려놓고 해골 무늬 의상이나 페이스 페인팅으로 신나게 즐기며 죽은 자들을 기억합니다.

이러한 전통은 고대 아스텍인들이 사후 세계를 관장하는 죽음의 여신에게 바치던 제사에서 유래했습니다. 아스텍 원주민들에게 삶은 꿈에 불과한 것이며 그들은 죽음을 통해 진정으로 깨어난다고

죽은 자들의 날

멕시코의 '죽은 자들의 날'은 직계 가족의 사진을 올려 두고 그들을 추모한다는 점에서는 유교의 제사를 닮았고, 촛불과 오색 종이 등으로 화려하게 꾸미고 주기적으로 마을 축제처럼 즐긴다는 점에서는 동해안의 별신굿을 닮았다. 죽은 자들의 날이나 별신굿은 주기적으로, 집단적으로 행한다는 점에서 집단의 기억을 형성하는 특이함이 있다. 주기적인 반복은 집단의 기억 안에 삶과 죽음이 동일한 것임을 되새기도록 한다. 이처럼 삶과 죽음을 잇고, 산 자와 죽은 자가 함께하는 의식은 공동체의 기억을 통해 연대성을 견고하게 만들어 준다.

믿었습니다. 그래서 죽은 자들의 날을 맞아 세상을 떠난 이들을 위해 제사를 지내면, 죽은 이들이 이승을 방문하여 제단에 오른 제물에 따라 살아 있는 자들에게 풍요와 번성을 가져다준다고 생각했습니다. 그래서 죽은 이들이 살아 있을 때 좋아했던 음식과 물건들로 풍족하고 정성스러운 제단을 마련했습니다. 이 명절을 '영혼의 축제'라고 부르는 이유가 그 때문입니다.

죽은 자와 산 자는 기억으로 연결되어 있습니다. 우리는 스스로 계획하고 원하는 대로 살아간다고 생각하지만, 완전히 무無에서부터 시작하는 것은 아닙니다. 자신을 있게 한 부모와 조상, 자신에게 영감을 준 공동체 인물들의 영향을 받아 지금의 모습으로 살아가며 앞으로의 삶을 꿈꾸는 것이 아닐까요? 뿐만 아니라 나의 생이 나의 죽음으로 끝나는 것도 아닙니다. 나 자신의 삶 또한 누군가에게 무엇으로 흔적을 남길 수 있지요. 설령 죽음 이후 세계가 존재하지 않고 죽는 것으로 모든 것이 끝나 버린다 해도 우리는 이 승의 누군가에 의해 기억됨으로써 현세에 여전히 존재할 수 있습니다.

세상에 예쁜 것

박완서가 사망한 뒤 발표된 마지막 산문집 《세상에 예쁜 것》에는 노년의 삶과 죽음에 대한 작가의 성찰이 담겨 있습니다. 그중 작가의 친구가 세상을 떠나기 엿새 전 병문안을 갔을 때의 일화가 인상적입니다. 병실에는 친구의 아들 부부와 6개월가량 된 손자가 와 있었고 친구의 아들과 손자가 병실 한쪽에서 잠을 자고 있었습니다. 작가는 어린아이가 병원에 있어야 한다는 사실을 안쓰럽다고 생각했는데 친구의 모습을 보고 그 생각이 틀렸다는 것을 알게 됩니다.

> 고통스럽던 병자의 얼굴에 잠시 은은한 미소가 떠오르면서 그의 시선이 멈춘 곳을 보니 잠든 아기의 발바닥이었다. 포대기 끝으로 나온 아기 발바닥의 열 발가락이 "세상에 예쁜 것" 탄성이 나올 만큼, 아니 뭐라고 형용할 수 없을 만큼 예뻤다. 수명을 다하고 쓰러지려는 고목 나무가 자신의 뿌리 근처에서 몽실몽실 돋는 새싹을 볼 수 있다면 그 고목나무는 쓰러지면서도 얼마나 행복할까. 병자도 지금 그런 위로를

받고 있음이 분명했다. 아기의 생명력은 임종의 자리에도 희망을 불어넣고 있었다. 찬탄이 절로 나왔다.

친구가 손자의 발가락에서 본 것도 바로 그런 위안이었습니다. 자신의 존재로 자식이 생겨났고, 자식에 이어 태어난 손주의 존재가 자신의 임종에 희망을 불어넣은 것입니다. 이는 설령 자신이 죽더라도 이 세상에서 완전히 사라지는 것이 아니라 자신을 닮은 자식과 손주라는 존재가 이 세상에 여전히 생명력을 꽃피우고 있다는 희망입니다.

죽어 가는 자에게 자신을 닮은 자손만이 희망이 되는 것은 아닙니다. 이 책 마지막 부분에는 법정 스님과 김수환 추기경님에 대한 작가의 시각이 나타납니다. 대중적으로 인기가 많았지만, 혼자만의 사색과 공부의 시간을 원해서 은둔하여 살았던 법정 스님을 작가는 '깊은 산속 옹달샘'이라 불렀습니다. 옹달샘 덕분에 산에서 길을 잃은 나그네가 목을 축일 수 있고, 맑은 옹달샘이 있기에 강물이 오염되지 않듯이 법정 스님의 높은 정신이 우리 사회를 살아 있게 한다고 말합니다. 법정 스님이나 김수환 추기경님에게는 '세상에 예쁜 것'이라고 감탄할 수 있고 위로가 되어 주는 혈연의 자손들은 없습니다. 그렇지만 그들은 육신의 자손으로서가 아니라 정신으로 많은 사람에게서 기려지고 그것으로 생명력을 얻어 후세의 젊은 영혼들과 오래도록 함께할 것입니다.

작가 박완서는 말년에 암 진단을 받고도 주변에 알리지 않았고 평소 하던 일을 멈추지도 않았습니다. 죽기 전에 마지막으로 한 일은 의뢰받은 문학상 심사를 위해 후배들의 글에 심사평을 쓰는 일이었습니다. 죽음을 목전에 둔 사람이 평소와 다름없이 후배들에게 정성을 쏟았다는 점은 소크라테스나 퇴계와 다름없는 모습입니다. 그런데 작가는 죽기 한참 전에 쓴 에세이 《나를 닮은 목소리로》의 〈내가 꿈꾸는 나의 죽음〉에서 자신이 바라는 죽음에 대한 글을 이미 써 두었습니다. 작가는 사춘기 때 죽음이 자신에게 일어날 일이라는 생각은 전혀 하지 못했기에 죽음에 대한 막연한 동경으로 젊어서 죽는 것을 꿈꿨지만, 노년에는 하루의 절반 이상을 죽음에 대한 생각으로 보냈다고 합니다. 그러면서 고통도 없고 치매도 걸리지 않은 채 죽는다 해도 죽음은 여전히 무섭게 느껴진다고 고백합니다. 죽으면 아무것도 느낄 수가 없으니 죽음에 대해 걱정하지 말라고 한 에피쿠로스의 말과 달리, 바로 아무것도 느낄 수 없다는 사실이 두렵다는 것입니다.

작가는 이 글을 쓰기 10년 전, 불과 몇 달 사이에 남편과 아들을 모두 잃어 매우 불행한 시기를 보냈습니다. 그 시기 가슴을 에는 비통함 속에서도 꽃피는 계절을 아름답다고 느꼈고, 새로 태어난 손주를 안아 보는 기쁨에 슬픔을 견딜 수 있었는데, 죽으면 이 모든 것을 느낄 수 없다고 생각하니 너무 무섭게 느껴진다는 것입니다.

하지만 그가 죽음에 대해 두려움만 고백한 것은 아닙니다. 꽃이 피는 것을 보고 즐거워하는 대신 꽃을 피우는 대자연의 일부가 되고, 사랑하는 사람들과 만나는 대신 무심한 바람이 되어 사랑하는 사람들의 옷깃을 스치게 될 일을 상상합니다. 죽음과 동시에 모든 것을 느낄 수 없게 되더라도 살아 있는 이들이 자신에 대한 기억을 떠올려 주기를 기대합니다. 작가가 바라는 죽음은 대자연의 일부로 돌아가 자식들과 손주들에게 따뜻한 기억으로 남는 것입니다. 이러한 태도가 공자가 말한 자신의 명命을 다하고 자연스럽게 맞이하는 좋은 죽음順命에 해당하는 것이 아닐까요?

지금부터 은하와 춤추러 간다

노년의 박완서 작가는 누가 봐도 평화로운 좋은 죽음을 맞이했지만 그의 인생이 행운으로만 가득하지는 않았습니다. 어린 나이에 아버지를 여의고, 한국전쟁 중에는 오빠를, 중년에는 남편과 자식을 연이어 잃은 사건들을 떠올려 보면 다복한 인생을 살았다기보다 깊은 고통을 헤치고 치열하게 살아온 셈입니다. 그는 말년에 이르러 자신의 아픔이 시간의 힘으로 치유되었다고 고백합니다. 시간이 해결하지 못할 악운도 재앙도 없으니 시간이야말로 신神의 다른 이름이 아니겠느냐는 위로의 말을 스스로에게 건넸습니다. 이러한 태도는 자신이 어찌할 수 없는 운명에는 순응하되 맡은 일에 최선을 다하는 것입니다. 그가 참척의 고통을 이기지 못하고 계속 우울해하며 아무것도 하지 않았다면 과연 좋은 죽음을 맞이할 수 있었을까요?

운명에 순응하는 것과 수동적인 태만은 같지 않습니다. 불행과 고통이 닥치더라도 시간의 힘을 믿고 견디며 어떤 상황에서든 최선을 다해야 자신의 명을 따르는 좋은 삶을 살고 좋은 죽음을 맞이하는 것이라고 생각합니다. 그런 운명은 손 놓고 기다린다고 오는 것이 아니라 최선을 다해 삶을 사랑할 때 만날 수 있을 것입니다.

대부분의 사람은 좋은 삶을 사는 것만 원합니다. 그러나 좋은 삶을 사는 것만큼 좋은 죽음을 맞이하는 것도 중요하겠지요? 좋은 죽음을 꿈꾸면 삶에 대한 시야가 넓어집니다. 좋은 죽음은 한 사람의 몸의 기능이 정지되는 일이 아니라 개인의 마음을 넘어 우주의 마음, 자연의 이치로 시야를 넓혀 줍니다. 그런 관점으로 보면 죽음은 결코 갑작스럽게 닥친 비극적 사건이 아니라 무한하고 근원적인 것과 하나 되는 반갑고 좋은 일이라는 반전이 생겨납니다. 그것은 오랫동안 죽음을 연구한 엘리자베스 퀴블러 로스가 이 세상을 떠나면서 가족들에게 남긴 "지금부터 은하와 춤추러 간다"라는 말처럼 기쁜 순간일지도 모릅니다.

이 세상을 떠난 우리가 사랑하던 분들은 지금 어디에 있을까요? 우리의 할머니, 할아버지, 어머니, 아버지, 아이들, 친구들, 반려동물들은 어쩌면 지금 은하와 춤추고 있을지도 모르고 우리의 옷깃을 스치는 바람으로 흔적을 남기고 있는지도 모릅니다. 그렇게 생각하는 한, 그들은 이 세상과 단절된 것이 아니고, 우리 또한 그들로 인해 외롭지 않습니다.

죽음,
더 빛나는 삶을 위한 뮤즈

청소년기에 사는 것에 지칠 때가 있었습니다. 인생이 '파란만장'하다고 느낀 저는 제 마음을 열아홉 살이나 많은 큰언니에게 말했더니 큰언니는 웃음을 터뜨렸습니다. 새파랗게 어린 막냇동생이 '파란만장'한 인생을 살고 있다고 하니 비웃을 만했습니다. 지금 생각해 보면 특별할 것 없는 평범한 학생이었고, 남들과 다를 바 없는 고만고만한 스트레스가 있었을 뿐이었는데 그때는 사는 것보다 죽는 것이 더 수월해 보였고 지금까지 살아왔던 것처럼 앞으로도 계속 '살아 내야' 한다는 사실이 끔찍하게 느껴졌습니다. 인간의 운명이 시지프스의 바위 굴리기 형벌과 다를 바 없다고 생각한 것입니다. 그 이후로도 오랫동안 삶에 대한 회의가 이어졌고 죽음에 대한 로망만 키워 갔습니다.

죽음은 극단적인 두 가지 모습으로 다가옵니다. 다른 사람에게는 일어나는 일이지만 자기 자신에게는 결코 일어날 수 없는 일로 생각해 무시해 버리거나 그와 정반대로 충동적으로 성급하게 다가서는 것입니다. 전자는 죽음에 대한 공포와 두려움에 압도되어 정면으로 바라보기를 거부하고 사실을 회피하는 태도입니다. 후자는 삶의 무게를 과장하여 무책임하게 벗어던지려는 태도입니다. 이것은 한편으로는 살 권리를 포기하는 것이기도 합니다. 그런데 이 두 극단의 태도는 일종의 함정입니다.

삶에 대해 진지하게 바라보고 좋은 삶을 살고자 마음을 고쳐먹으면서부터 죽음에 대한 극단적 두 태도가 성실한 삶을 방해하는 함정이라는 것을 알았습니다. 사실 어느 한순간 죽어 버리자고 어설프게 뭔가를 시도한 적이 있습니다. 당연히 성공하지 못했습니다. 겁도 났을 뿐더러 진짜 마음은 죽고 싶은 것이 아니라 제대로 살지 못한 것에 대한 자책이었음을 깨달았습니다. 그 이후 내 안의 문제에서 벗어나 주변을 둘러보니 모든 사람이 각자의 짐을 지고 열심히 자기 몫의 삶을 살아가는 것이 보였습니다. 비로소 혼자가 아니라는 것을 알게 되었고, 함께 살아가는 사람들에 대한 연민과 존경의 마음이 생겨났습니다. 그러면서 사람들의 삶을 지탱하는 힘이 무엇인지, 힘겹게 살아가는 사람들에게 위로가 되는 것은 무엇인지, 어떻게 함께 돕고 앞으로 나아갈지 생각하기 시작했습니다.

그와 동시에 죽음을 앞둔 사람들, 죽음으로 이별하고 남겨진 사람들의 이야기에 귀를 기울였습니다. 그리고 뜻밖의 선물을 받았습니다. 죽음은 삶의 끝에 오는 것이 아니라, 빛나는 삶을 위한 뮤

즈라는 깨달음입니다. 스티브 잡스는 죽음이야말로 자연의 최대 발명이라고 했습니다. 그가 열일곱 살 때부터 매일 아침 거울을 보며 평생 되뇌던 말이 "오늘이 내 인생 마지막 날이라면 지금 하려던 일을 할까?"였습니다. 이는 죽음을 위한 말이 아니라 인생 최고의 순간을 위한 마법과도 같은 주문이었습니다. 죽음을 생각하는 것은 죽기 위해서가 아닙니다. 삶의 빛나는 순간을 포착하기 위한 것입니다.

　삶의 빛나는 순간이 얼마나 많은지는 중요하지 않습니다. 나의 존재를 선명하게 비춰 준다면 단 한순간이어도 충분합니다. 우리는 어쩌면 빛나기 위해 태어난 존재일지 모르겠습니다.

　우주의 별들이 그러하듯이.

참고문헌

1부 내 삶 가까이에 있는 죽음에 대하여

죽음의 무게는 사람마다 다를까?
- 《삶과 죽음에 대한 철학적 성찰》, 계명대학교 목요철학원 엮음, 계명대학교출판부, 2016
- 《자기 앞의 생》, 에밀 아자르 지음, 용경식 옮김, 문학동네, 2018
- 《죽음의 철학》, 장 폴 사르트르 외 지음, 정동호 외 옮김, 청람, 2004
- 《철학, 죽음을 말하다》, 정동호 외 지음, 산해, 2004
- 《철학 Ⅱ》, 칼 야스퍼스 지음, 신옥희 외 옮김, 아카넷, 2019

가까운 이의 죽음을 어떻게 받아들일까?
- 《몬스터 콜스》, 패트릭 네스(시몬 도우드 구상) 지음, 홍한별 옮김, 웅진주니어, 2012
- 《삶을 위한 죽음의 심리학》, 권석만 지음, 학지사, 2019
- 《상실수업》, 엘리자베스 퀴블러 로스·데이비드 케슬러 지음, 김소향 옮김, 인빅투스, 2004
- 《신화를 찾는 인간》, 롤로 메이 지음, 신장근 옮김, 문예출판사, 2015
- 《종교 심리학의 이해》, 김재영 지음, 집문당, 2017
- 《창조를 위한 용기》, 롤로 메이 지음, 신장근 옮김, 문예출판사, 2015

인간은 전염병의 공포를 이겨 낼 수 있을까?
- 《문학과 실존》, 신옥희 지음, 이화여자대학교출판부, 2014
- 《시지프의 신화》, 알베르 카뮈 지음, 이가림 옮김, 문예출판사, 2001
- 《페스트》, 알베르 카뮈 지음, 유호식 옮김, 문학동네, 2015

나의 죽음에 대해 생각해 본 적이 있나?

- 《사소하지 않은 생각》, 김선희 지음, 자음과모음, 2017
- 《이반 일리치의 죽음》, 레프 니콜라예비치 톨스토이 지음, 이강은 옮김, 창비, 2012
- 《철학, 죽음을 말하다》, 정동호 외 지음, 산해, 2004

동물이라고 상실의 슬픔이 덜할까?

- 《동물도 우리처럼》, 마크 롤랜즈 지음, 윤영삼 옮김, 달팽이, 2018
- 《동물에 대한 예의》, 잔 카제스 지음, 윤은진 옮김, 책읽는수요일, 2011
- 《베일리 어게인》, W. 브루스 카메론 지음, 이창희 옮김, 페티앙북스, 2018
- 《펫 로스》, 리타 레이놀즈 지음, 조은경 옮김, 책공장더불어, 2009

- 〈프로젝트 님〉 제임스 마쉬 감독, 2011

2부 죽음이 가르쳐 주는 삶의 의미에 대하여

내 인생 최고의 순간은 언제일까?

- 《경험으로서 예술》, 존 듀이 지음, 박철홍 옮김, 나남출판, 2016
- 《원더풀 라이프》, 고레에다 히로카즈 지음, 송태욱 옮김, 서커스, 2016

- 〈원더풀 라이프〉, 고레에다 히로카즈 감독, 2005

'멋지게' 죽는다는 것은 어떤 의미일까?

- 《숨결이 바람 될 때》, 폴 칼라니티 지음, 이종인 옮김, 흐름출판, 2016
- 《에픽테토스의 인생을 바라보는 지혜》, 에픽테토스 지음, 강현규 엮음, 키와 블란츠 옮김, 메이트북스, 2019

아무것도 기대할 수 없어도 살아야 할까?

- 《영혼을 치유하는 의사》, 빅터 프랭클 지음, 유영미 옮김, 청아출판사, 2017

- 《의미를 향한 소리없는 절규》, 빅터 프랭클 지음, 오승훈 옮김, 청아출판사, 2005
- 《의미치료》, 한재희·남지연 지음, 학지사, 2020
- 《죽음의 수용소에서》, 빅터 프랭클 지음, 이시형 옮김, 청아출판사, 2017

무엇을 위해 살고 무엇을 위해 죽을 수 있을까?

- 《삶과 죽음을 넘어》, 앙투안 드 생텍쥐페리 지음, 설영환 옮김, 작가와비평, 2020
- 《인간의 대지》, 앙투안 드 생텍쥐페리 지음, 민희식 옮김, 문예출판사, 1989
- 《철학, 죽음을 말하다》, 정동호 외 지음, 안상헌, 〈죽음은 언제나 타자의 죽음이다〉, 산해, 2004
- 《하이데거 VS 레비나스》, 최상욱 지음, 세창출판사, 2019

3부 죽음을 바라보는 다양한 시선에 대하여

삶을 끝낼 자유조차 없는 삶이 과연 사는 걸까?

- 《인간의 마지막 권리》, 박충구 지음, 동녘, 2019
- 《자살의 사회학》, 마르치오 바르빌리 지음, 박우정 옮김, 글항아리, 2017
- 《자유 죽음》, 장 아메리 지음, 김희상 옮김, 산책자, 2010

- 〈씨 인사이드〉 알레한드로 아메나바르 감독, 2007

니체가 말한 이성적 자살이란 무엇일까?

- 《내 삶의 의미》, 로맹 가리 지음, 백선희 옮김, 문학과지성사, 2015
- 《니체의 인생강의》, 이진우 지음, 휴머니스트, 2015
- 《니체, 디오니소스적 긍정의 철학》, 백승영 지음, 책세상, 2005
- 《역사의 거울에 비친 세기의 자살자들》, 프리드리히 바이센슈타이너 지음, 신혜원 옮김, 한숲, 2002
- 《철학, 죽음을 말하다》, 정동호 외 지음, 백승영, 〈죽음은 삶의 완성이다〉, 산해, 2004

- 《초인 수업》, 박찬국 지음, 21세기북스, 2015

죽음을 최대한 늦춘다고 행복해질까?
- 《노년》, 시몬 드 보부아르 지음, 홍상희·박혜영 옮김, 책세상, 2002
- 《늙어감의 기술》, 마크 E. 윌리엄스 지음, 김성훈 옮김, 현암사, 2017
- 《죽음》, 베르나르 베르베르 지음, 열린책들, 2019
- 《죽음의 심리학》, 권석만 지음, 학지사, 2019
- 《죽음의 역사》, 필립 아리에스 지음, 이종민 옮김, 동문선, 2016
- 《특이점이 온다》, 레이 커즈와일 지음, 김명남·장시형 옮김, 김영사, 2007

왜 어떤 사람은 이유 없이 사람을 죽일까?
- 《나는 가해자의 엄마입니다》, 수 클리볼드 지음, 홍한별 옮김, 반비, 2016
- 《종교심리학의 이해》, 김재영 지음, 집문당, 2017
- 《진단명 사이코패스》, 로버트 헤어 지음, 조은경·황정아 옮김, 바다출판사, 2020
- 《콜럼바인》, 데이브 컬런 지음, 장호연 옮김, 문학동네, 2017

- 〈엘리펀트〉 거스 밴 샌트 감독, 2003

우리는 왜 죽음을 두려워할 필요가 없을까?
- 《귀신과 제사》, 금장태 지음, 제이앤씨, 2009
- 《나를 닮은 목소리로》, 박완서 지음, 문학동네, 2018
- 《늙어감의 기술》, 마크 E. 윌리엄스 지음, 김성훈 옮김, 현암사, 2017
- 《사후생》, 엘리자베스 퀴블러 로스 지음, 최준식 옮김, 대화출판사, 2003
- 《삶과 죽음에 대한 철학적 성찰》, 계명대학교 목요철학원 엮음, 장윤수, 〈한국 유교 사상에 나타난 죽음의 의미〉, 계명대학교출판부, 2016
- 《세상에 예쁜 것》, 박완서 지음, 마음산책, 2012

죽음이 던지는 질문에
어떻게 답해야 할까?

초판 1쇄 발행   2021년 8월 20일
초판 4쇄 발행   2023년 10월 30일

지은이 • 박연숙

펴낸이 • 박선경
기획/편집 • 이유나, 지혜빈, 김선우
마케팅 • 박언경, 황예린
표지 디자인 • 김경년

펴낸곳 • 도서출판 갈매나무
출판등록 • 2006년 7월 27일 제395-2006-000092호
주소 • 경기도 고양시 일산동구 호수로 358-39 (백석동, 동문타워 I) 808호
전화 • (031)967-5596
팩스 • (031)967-5597
블로그 • blog.naver.com/kevinmanse
이메일 • kevinmanse@naver.com
인스타그램 • www.instagram.com/purplerain.pub

ISBN 979-11-91842-02-9 / 03100
값 15,000원